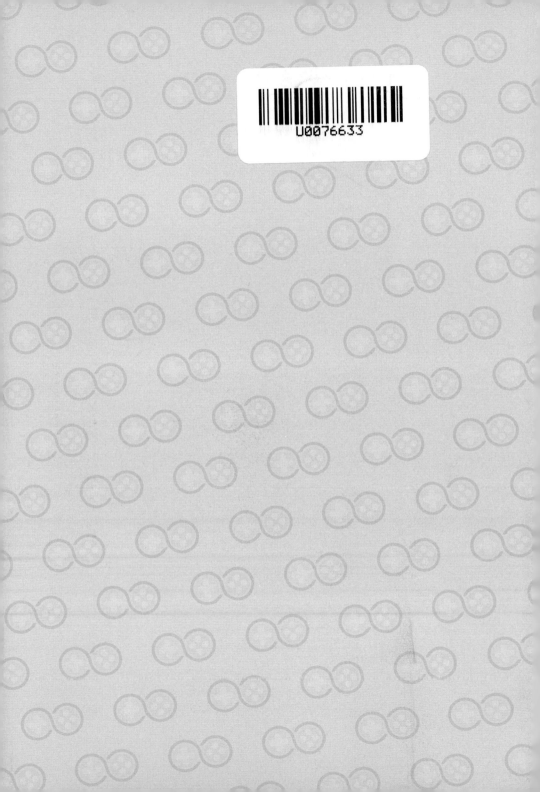

人生有限
你要
玩出無限

在個體崛起時代
展現「一軍」突起的軟實力

歐陽立中

推薦序

一切的重點，在於「玩」！

溝通表達培訓師．張忘形

老實說，在受到邀請幫歐陽寫這個推薦文的時候，我腦中除了恭喜，更多的是驚歎。

我認識的歐陽立中，有著多重身分。可能跟你我一樣，有工作和家庭，他是個學校老師，也是個是爸爸和老公，興趣是玩桌遊。當然他還有些更厲害的角色，他也是個公開班的講師，還時常在網路上寫文章，是出了很多本書的作家。

但重點根本不是這些角色有多少，而是你得去看他經營的這些角色有多好。他常常分享他陪伴女兒和老婆的歷程，常獲得大家的共鳴。他在學校教學的方式，還成為了其他老師效仿的標竿。而他不只玩桌遊，還做了桌遊，當時在預購時真的搶到爆炸。

他的公開班到現在幾乎場場爆滿，我想報名都還要透過交情偷問一下，而他竟然還可以幾乎天天寫文，而且每篇文都至少破百讚、各種分享。而他的書，還常常在博客來的百大，更是年度精選。

也許看到這，你覺得我要吹捧他。但我一點也不想，因為我的真心話是：我實在太忌妒他啦！你看，他只要想做一件事情，就能把那件事做到極致。而我每次都在想，這人根本不是人吧，難道都不會累的嗎？

跟他聊天的過程中，我才得知他的秘密，就是「玩」。

不知道你有沒有一種經驗，就是當你全心投入一件事情時，時問過得特別快，也不會累，結束後還很有成就感。我自己常常在寫簡報故事或是打電動時，進入這個狀態，還有位心理學家研究這個現象，叫他做「心流」。

但歐陽的概念就是，沒什麼不可能的。他思考的是，如果我們的人生就是一場遊戲，那麼我們該怎麼獲取經驗值來升級，並且升級後的點數該怎麼點。於是，他就開始了這個玩的過程。

之所以要說這個，是因為我發現了歐陽的「玩」，就是當他要做一件事情時，都能很快的進入這個狀態，並且有效的獲得提升和反饋。

但我發現，很多人的人生都是「怕」。工作怕上司不開心，怕同事不配合，怕客戶不滿意。回家的時候怕搞不定家人，怕互動時可能產生衝突，怕自己表錯情。更不要說甚麼跨出舒適圈，我們都怕萬一失敗了，怎麼辦？

我才發現我跟歐陽的差異就在，當我的能量都損耗在很多內心的掙扎與糾結時，他把這些能量放在對的地方，擁有好的心態，建立強大的流程，尋找學習的楷模，自然就把我甩好幾條街了。

慶幸的是，他在這本書中，把他所有「玩」的心法都說出來了。甚至我還在書中看見他拆解我的忘形流簡報，以及他與許多人相處的經驗。從心態、溝通、能力、人脈到策略，通通都告訴你了。

而做為一個推薦者，我想在這邊說個想法。我相信你看完書後，一定會覺得得到很多。但如果可以，希望你可以也想想看完每一篇後，如果是你，你想從自己開始做些什麼改變。

例如我看完〈靠自制力養成習慣的人，都投降了！〉那篇後，我驚覺他就是原子習慣，我都懂啊！但歐陽寫完後，我才發現我就是看了很多理論，卻少了行動的人，於是我決定了三件事：

- 簡單：寫一篇文太難了，那麼我就每天寫對於溝通的一句話吧。
- 環境：我找到了一個家附近的咖啡廳，那邊人不太多，能夠讓我專心。
- 順便：我每天去遛狗，那乾脆順便聽個課程好了。
- 反饋：每天都寫在待辦事項，全部完成後刪掉就請自己喝一瓶可樂。

之所以想你分享，是因為如果你有上過歐陽的課，或甚至光看這本書，你一定能夠感受到熱血沸騰。但請相信我，這真的只是一下子，當我們回到現實後，我們又回到了自己的模式。

如果能夠把這些得到轉成行動，並且持續做下去，你才能夠明白為什麼歐陽能夠讓人如此忌妒。

因為聽完課或看完書的熱血，得到的啟發和震撼，只會維持一下子。但能夠真正轉化為熱情，把有限人生完成無限，才是一輩子。

邀請你一起，把這本書給你啟發的一下子，轉化為對人生有用的一輩子。

推薦序

令人又愛又怕的歐陽立中

人生設計實驗室創辦人、諮商心理師・盧美妏

收到歐陽立中老師新書推薦序的邀約，我是又愛又怕。愛的是，我可以比多數人提早閱讀到精彩書稿！怕的是，歐陽老師前一本叫好又叫座的書才出版多久，這麼快又要出下一本了!?這人一天是有48小時嗎？

我是一名職業生涯諮詢師、諮商心理師，每天都有許多帶著問題來找我的學員和個案。生涯迷茫、不知道自己喜歡什麼、對現在的工作不滿又不知道能做什麼、想轉職、職場霸凌、與主管同事不合、憂鬱焦慮、完美主義、拖延症、感情困擾、失戀分手…諸如此類種種問題。

從《桌遊課》和《故事學》教大家玩桌遊、說故事，到《飄移的起跑線》、《就怕平庸成為你人生的注解》，歐陽老師的每本著作都是我經常推薦給學員和個案的補充教材。讀完這本新書，終於解答我長年的疑惑——歐陽立中是不是有妙麗的時光器沙漏？

歐陽立中老師把他的心法技術一次傳授了。他不是有時光器，而是可以用有限的時間，實現最大的躍進。最棒的是，不只歐陽一個人的絕世武功，還囊括了好多高手的獨門秘訣！華人首席故事教練許榮哲老師、吸睛講師曾培祐老師、教育網紅神老師、文案天后李欣頻、迷客夏吳家德副總經理……等好多好多高手，這些高手之所以成為高手的精華，都被歐陽老師在書裡透露了！

除了高手們的秘訣，歐陽老師還整理了近年幾本重要的個人提升書籍，《原子習慣》、《刻意練習》……就算你沒時間一本一本看，或看了很快就忘了、不知道怎麼運用在生活中。歐陽老師幫你摘錄重點，還結合實際案例，真正將這些書裡的心法技術活用起來。

從個人閱讀角度，我將這本書的內容分為「心法」與「技術」。「心法」是內功，足夠紮實的內功，決定你能達到什麼高度。「技術」是招式，熟練自己擅長的招式，揚長避短，才能在江湖中取得一席之地。

第一部分「每日任務」和歐陽的前幾本書，著重談「心法」。在談錯誤的路上，停止就是前進；在錯誤的事情上，多花一秒都是浪費時間。在談「個體崛起」前，先用思考方式、態度、習慣和行為模式打底，才不會走在錯誤的路上而不自知，也不會浪費太多時間在錯誤的事情上。

第二部分之後的「技能樹」，談的是具體可行的技術招式。

我常用這句話介紹歐陽老師的文章：「你只要是個人都能學會，看得懂中文就能用上！」歐陽老師旁徵博引，擅用平易近人的例子，讓你讀完馬上就上手！

最後是「獎勵」和「排位賽」讓我很意外！

歐陽老師幾乎把業界講師、作家、個人品牌經營者們隱約模糊的崛起之路，具體清楚的「概念化」。透過非常赤裸的自我揭露，他毫無保留分享自己一路走來的挫折與收穫。

這樣真誠的分享，對於有志建立個人品牌、希望在職場中實現躍進的讀者來說，可以說是非常實際又實用。

整體而言，這是一本說人話、不講大道理，具體清楚、容易操作，集眾多高手之大成的武林秘笈。翻開這本書，從現在開始將自己打造成超級個體，實現人生躍進！

新版序

再好玩的遊戲，都得推出新版本

不知不覺，《人生有限，你要玩出無限》已經出版三年了。三年之間，發生了許多重要的事：我從學校辭職了，成為自由工作者；我的兒子出生了，我成為一個雙寶爸，努力在工作和家庭間取得平衡。回頭再讀當年的文字，我依然感受得到當時的奔放熱情，那個愛把人生當成遊戲來玩，卻不愛受限規則，於是自訂規則的自己。三年過去，是時候回顧一下，自己到底有沒有如同書名所言「玩出無限」呢？

先從初版的作者介紹說起好了，我有個習慣，一般作者簡介會列出過去的戰績，但我會多列一個「未來的頭銜」，當時寫自己是「節目主持人」，其實手邊半個節目都沒有。但我稱這招叫做「夢想信用卡」，也就是把夢想當信用卡，先講出來、刷下去，讓大家先為你買單，你就無法賴帳了。本來腦中的完美劇本是，我說自己是節目主持人，搞不好有哪個製作人看到了，就邀請我去主持廣播或電視節目。結果，一年過去了，完全沒有人找我，哈哈哈，你聽這笑聲多淒涼啊！但承諾還是要兌現啊，怎麼辦？

我想，既然沒人找我做節目，那乾脆自己做節目不就得了，剛好Podcast正夯，我找來製作人Jocelyn幫我，做出一個屬於自己的Podcast節目，叫做「Life不下課」。當時製作人問我：「持續更新節目很重要，你是要每週一集呢？還是每週兩集？」也不知道哪來的自信，竟脫口而出說：「我要日更，每週五集！」因為我始終相信「量變帶來質變」，從以前開始寫作，選擇每天寫，寫得好壞不是我最在乎的，我在乎的是能不能堅持下去，後來果然寫出了些成績，印證了我的遊戲策略，如今做Podcast，也就繼續複製這個策略。

果不出其然，因為日更的關係，逼得我必須不斷想節目素材，除了講自己擅長的寫作、閱讀、表達之外。爾後也開始找各領域厲害的來賓上節目，訪談他們的新書和專業。經營節目邁入第二年，如今節目來到四百多集，累積了一批忠實聽眾，甚至還有海外的朋友。

每次收到聽眾的回饋，我都很感動，記得之前有個馬來西亞的聽眾叫凱泓，做了個統計，說他聽我的節目，累積到目前為止，總共聽了2585分鐘，換算下來長達43小時啊！你看，身為創作者，多麼的幸福，有讀者和聽眾願意花他們寶貴的時間在你身上，聆聽你想傳遞給他們的價值觀。想到這裡，我鬥志來了，決定發下豪語：「Life不下課，我要堅持做到1000集！」

再來，另一件想跟你分享的事是這樣的，我在這本書裡，不斷強調閱讀的重要。但人都有惰性，平常工作忙完，回到家還要照顧孩子，哪有餘力閱讀。所以我又祭出遊戲的概念，給自己設定任務，那就是辦線上讀書會「歐陽Talk書秀」，每個月固定在社團直播兩場說書，還要做成精美簡報給大家看。老實說，一開始做起來真的蠻辛苦的，因為不再只能輕鬆閱讀，必須摘錄重點、構思簡報、事先演練。而且我標榜的是跨領域閱讀，在「歐陽Talk書秀」裡，必須任何類型的書籍都講，像是談理財，我說《持續買進》；談思辨，我說《思考101》；談人生，我說《人生4千個禮拜》；談心理，我說《20位心理學大師的人生必修課》等。

沒想到，不知不覺，歐陽Talk書秀邁入了第三年，手邊也累積了大量的經典知識。此後不管我是要演講、做節目、還是寫作，只需要輸入相關書名，就能輕鬆調用書裡的概念。你看，以輸出為目的的輸入，才是閱讀最強大的玩法！

最後，也最重要的，就是我跟家人的關係。四年前，我女兒PiuPiu剛出生，那時我在事業的衝刺期。白天在學校上課，晚上和假日跑演講，常常回到家裡，孩子已經入睡了。直到有次，女兒在哭，我抱起她來哄，結果PiuPiu看我的眼神，像是看到陌生人般慌恐，哭得更大聲，直到媽媽來抱，她才停止哭泣。我突然意識到，親子關係跟事業一樣，是需要花時間經營的。所以這幾年，我調整人生遊戲策略，調高被動收入，降低主動收入的比重。然後給自己一個原則，晚上和假日不忙工作，陪孩子。錢再賺就好，但孩子的童年，一去不復返。現在假日，我跟老婆都帶孩子出去玩，嘗遍各處美食、看遍各地風景、住遍親子飯店。孩子現在黏我黏得緊緊的，我喜歡這樣的生活。

時隔三年，這本書推出增訂版，就像是任何再好玩的遊戲，都必須推出新版本，避免有些角色過於強勢或劣勢，以及修復遊戲的bug。所以我也在想，在這場人生遊戲，要更新些什麼，才能讓你玩得更帶勁。終於讓我找到了，這次遊戲版本，我加入了六個很重要的能力，分別是「痛點力」、「獨特力」、「提問力」、「破框力」、「跨域力」、「廢文力」。我敢說，這些是我過去從未正視，直到離職後，經歷了一些事情，調整了一些方向，才讓我意識到這六個能力的不可或缺。

謝謝你打開這本書，由衷祝福你，讀完《人生有限，你要玩出無限》增訂版，能再次愛上這場人生遊戲。並且開始想嘗試用不同策略、不同角色、不同技能，來玩這場遊戲。相信我，許多你意想不到的人生彩蛋正等著你。

人生除了高下之外，還有左右！

我們家有一台Switch遊戲機，當然，也買了很多遊戲片。在這麼多遊戲當中，你猜猜，哪一款是我和老婆的最愛？答案是「集合啦！動物森友會」！

這款遊戲設計出一座無人島，由你來開啟自己的新生活。你必須釣魚、採水果來溫飽；也必須伐木、挖礦來打造器具；你可以透過買賣賺錢，來還清房貸；也可以捐獻化石，豐富博物館館藏。而遊戲的時間，跟現實的時間是一致的，連四季變化也是。遊戲沒有終點，你可以一路玩下去，直到生命的盡頭。

每天，你都會期待著登入遊戲，看看島上有沒有什麼新鮮事。有時，會跑來新的動物村民，給你禮物或任務；有時，甚至會有特別活動，像是抓蟲大會或流星雨許願。

坦白說，一開始玩這遊戲，很不適應。因為相較以前玩的遊戲，沒有打怪、不需過關、更沒有結局，你甚至會不知道要幹嘛，因為太自由了。可是，慢慢我發現，其他遊戲我破關後，就不想再玩了。只有「動物森友會」，我們再忙，還是會不時玩一玩。我開始思考，是什麼原因，讓這款看似清淡的遊戲，駐進了我們的心裡。

後來，我在詹姆斯．凱斯《有限與無限的遊戲》找到了答案。詹姆斯認為，這世上一切事物，都可以分成兩種遊戲。第一種是「有限遊戲」，它以「勝負」為目的，當分出勝負時，遊戲結束。除此之外，它還有所謂的「邊界」，像是「時間邊界」，必須在時限之內決勝負；再像是「規則邊界」，必須鑽研遊戲規則，確保你最大的勝率。若從遊戲的角度來看，例如：超級瑪莉、Overcooked（煮過頭）、快打旋風等，都屬於有限遊戲。

第二種是「無限遊戲」，它則以「延續」為目的，沒有所謂的終點和輸贏，如何讓遊戲不斷玩下去，並且創造出自己的規則宇宙，就是無限遊戲玩家在做的事。回頭來看，「動物森友會」就是無限遊戲，你不需要跟別人拚高下，只負責把你的島嶼經營得有聲有色。

有了這兩個概念之後，你可以進一步歸類身邊的人，哪些人是「有限遊戲」

玩家？哪些人是「無限遊戲」玩家？你會發現，有限遊戲玩家的思維是這樣的：「呼！遊戲終於過關了，就先這樣吧！」因此，他們很可能，破完升學遊戲後，考上大學，就不怎麼讀書了；破完職場遊戲後，有了一份穩定的收入，就不怎麼學習了；破完家庭遊戲後，有了孩子，就不怎麼成長了。就這樣，他們會要求子女，也照著「有限遊戲」的規則玩，結果，少數玩得出色，多數活得平庸。

相反的，「無限遊戲」的玩家思維是：「哇！沒想到還可以這樣玩！太有意思了！」所以他們很清楚，升學遊戲只是一時，人家大學忙著打工賺快錢，他們持續學習、累積實力，最後時薪翻了十倍。他們很了解，職場遊戲的bug，人家忙著摸魚偷雞、巴結長官；他們進修上課，開創副業，終於不用看長官臉色，個體崛起。他們也知道，家庭遊戲不是限制，人家把孩子當作自己意志的延續，逼孩子完成自己沒能完成的夢想；他們鼓勵孩子嘗試、犯錯、修正，最終孩子活成最好的自己。

這樣說起來，好像「有限遊戲」百害無益，「無限遊戲」可圈可點，是嗎？你搞錯了。因為很多人嚮往「無限遊戲」的自由，卻是行動上的侏儒。所以，我的第三種選擇是：

「有限競技，無限成長！」

這就像是手機遊戲，不管是「傳說對決」、「灌籃高手」、「一拳超人」等，這些競技遊戲，表面上是有限的勝負，但背後卻是無限成長大坑。我自己在玩手遊的過程，領悟出手遊為何讓人沉迷。就像是遊戲設計師說的：「你們是業餘防止成癮，我們是專業研究如何成癮。」手遊會透過這四種機制，讓你玩得樂此不疲，分別是：每日任務、技能樹、獎勵、排位賽。

這時，我突然有個靈感。如果把人生當作一場遊戲，用手遊機制來玩，那會怎麼樣呢？於是，這本書就出現在你眼前了！是的，我很瘋狂地，為你打造一場人生遊戲，邀你入局。

這本書分成四個部分。

第一部分是「每日任務」。人都有解任務的渴望，所以手遊透過給你解小任務，養成你每天上線的習慣。那麼，如果是「人生遊戲」呢？我深知「解任務」的重要，所以把每天的例行公事，都包裝成「每日任務」。越解越有成就感！當然，我的任務不會是你的任務，卻可能是你重要的路引。

第二部分是「技能樹」。為何很多人不想念書和學習，很簡單，因為看不到立即性的成效？但手遊怎麼做，透過「技能樹」，讓你知道角色有什麼技能可以點？需要多少資源？點出技能後效果是什麼？因此，你甘願屯資源或課金，為的就是讓你的角色更強！同樣道理，你是人生遊戲的主角，一個技能樹在你眼前，你該怎麼點？有「四種技能」，你非點不可，書裡有攻略！

第三部分是「獎勵」。《原子習慣》提到，要養成一個新習慣，就要讓這個習慣「有吸引力」，而獎勵就是最好的方式。在手遊裡，無處不是獎勵：登入遊戲有獎、打贏遊戲有獎、就連打輸遊戲也有獎。可是現實人生呢？你不能期待所有努力都有回報。但我在這章要告訴你：「不是不報，只是時候未到。」人生最差，不過大器晚成！

第四部分是「排位賽」。追求卓越是人的天性，你不喜歡比較，但不能不承認，若知道自己比別人出色，還是會嘴角上揚。手遊裡，為了讓玩家追求卓越，於是有「排位賽」機制，讓你一路往上打。為了讓自己位階更高，有人苦練、有人課金買裝。但在人生遊戲裡呢？這章我不是教你如何打贏別人，因為那沒意義。但我想告訴你的是「思維的排位賽」，真正厲害的人，是怎麼崛起的？又是怎麼思考的？只有弄清楚這點，你才會玩得出色。

這世界上分兩種人，一種是玩遊戲的人，一種是被遊戲玩的人。慶幸的是，讀到這本書的你，絕對是前者。在人生這場遊戲，我們已經花太多時間在比拚高下。現在，請你停下腳步，想一想：「你是在玩誰的遊戲呢？」在別人的遊戲規則裡拚高下，勝負不在你，而在他。再往左右看一看吧！你發現沒有，你眼前這條擠的很，左右兩旁的路卻又大又寬。對，人生的路並不擁擠，擁擠是因為你選擇了安逸。

別忘了，人生除了高下之外，還有左右！

contents

目錄

Chapter02

技能樹01：感知外界的溝通能力，人際關係……98

contents

目錄

Chapter03

Chapter04
技能樹03：對內溝通，情緒掌控……176

contents

目錄

Chapter07 排位賽：進階挑戰，決定你的人生位子……272

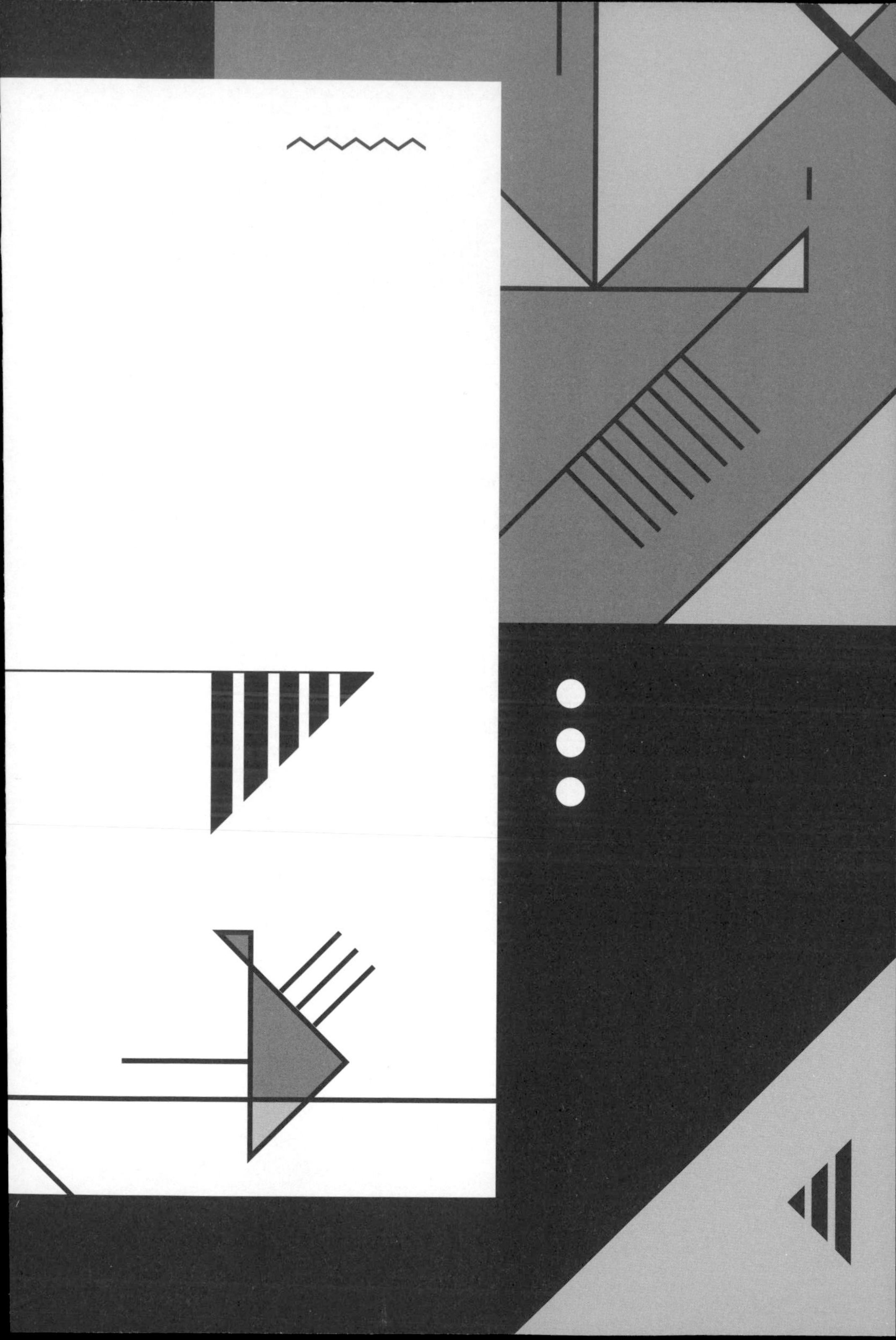

CHAPTER

01

每日任務

試著把每天的例行公事，

都包裝成「每日任務」！

每日任務 ①

玩好人生遊戲，你需要適時「打破規則」！

任務重點：破框力

難度：★★★★

一講到上課，你最直接想到的畫面，就是老師站在台上講，學生坐在下面聽課；老師在黑板上寫重點，學生在課本上抄筆記；老師發下考卷，學生振筆疾書。這似乎已經是深植在我們腦海裡的一套規則。但是別忘了，規則就是要用來打破的。

有一次我教荀子的〈勸學〉，這篇課文簡單來說，就是要告訴學生學習很重要。裡面有一些你耳熟能詳的經典句子，像是「青，取之於藍，而青於藍」、「蓬生麻中，不扶而直；白沙在涅，與之俱黑」。但是說實在，這些道理，學生也不是不知道。再加上課文真的有夠長，我講著講著，學生也開始神遊了。

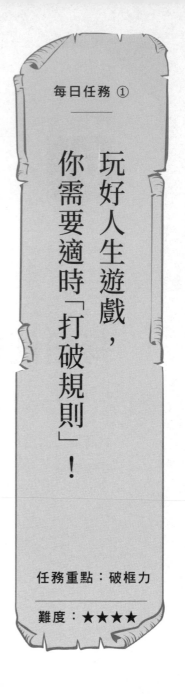

當然，我可以照著課堂規則，在台上繼續講、在黑板繼續寫，但那真的能讓學生對〈勸學〉有感嗎？因此，我決定「打破規則」！

首先，是「環境」上的打破規則：我把學生帶到外面廣場，離開他們所熟悉的教室。接著，是「體驗」上的打破規則：我在離學生二十公尺處，放了五瓶飲料，告訴他們來賽跑，誰先搶到飲料的，飲料就歸誰！學生聽完，精神都來了，躍躍欲試！

再來，是「認知」上的打破規則：學生想說要賽跑，立刻排成整齊的一條直線，力求公平。我這才告訴他們，大家不會在同一個起跑點。我會問十道問題，符合條件的可以前進一步。最精彩的來了，前面幾題分別是：「你是雙親家庭嗎？是的往前一步」、「你家的房子是自己的嗎？是的往前一步」、「你是獨生子嗎？是的往前一步」、「父母會定期帶你出國玩嗎？是的往前一步」。你有沒有發現這些問題的共通點呢？沒錯，都是跟學生的「家庭背景」有關，家庭背景越好，離飲料就越近。

而最後三題分別是「你從小到大，班排大多在前十名嗎？是的往前一步」、

「你每個禮拜會閱讀課外書嗎？會的往前一步」、「你已經有未來的明確目標了嗎？有的往前一步」。好，再請問你，這三題的共通點是什麼呢？對，就是跟「個人學習」有關，個人學習越認真，離飲料就越近。

最後，學生的起跑點，有人前，有人後，三、二、一，比賽開始！五位同學搶到飲料，其他人鎩羽而歸。我從這個活動告訴他們一個道理：「你們有沒有發現，人生本來就是不公平的。就像剛才前七個問題，都對家庭背景好的人有利，那是我們必須認清的現實。但慶幸的是，家庭背景造成的差距，你有沒有機會追回來？當然有！就是要透過『不斷學習』，正是荀子〈勸學〉想告訴我們的道理。」

後來，我把這個教學活動寫成文章，分享在臉書上，結果你知道嗎？這篇文章得到很多讀者的共鳴，讚數和分享狂飆，破3.4萬讚、1.6萬次分享！也正因為這篇文章，出版社編輯找上我出書，我寫了人生第一本勵志散文書《飄移的起跑線》！這下子，你明白「打破規則」的威力了嗎？

那麼，如果想試著「打破規則」你可以怎麼做呢？

第一步：列出你平常工作有哪些規則（或是習慣）

比方以老師這個工作為例，有：在教室上課、要寫板書、要出考卷、檢查作業、要學生安靜聽課。

第二步：在這些規則後面，列出相反的行為

在教室上課↓不在教室上課。

要寫板書↓不寫板書。

要出考卷↓不出考卷。

檢查作業↓不檢查作業。

要學生安靜聽課↓讓學生跑跑跳跳。

第三步：在相反的行為後面，思考可行的方法

在教室上課↓不在教室上課↓到廣場上課。

要寫板書↓不寫板書↓設計十個決定起跑點的問題。

要出考卷↓不出考卷↓改由讓學生根據問題往前或往後。

檢查作業↓不檢查作業↓用遊戲體驗讓學生刻骨銘心。要學生安靜聽課↓讓學生跑跑跳跳↓搶飲料比賽。

當然，在「打破規則」時，你一定會緊張擔心。因此，想送你一句愛瑞克在《內在原力》的話：「每一個人來到這個世間，都不是為了符合規定而生。」愛瑞克為何如此有感而發？因為他發現不管是公家單位或私人企業，我們很容易聽到「這是規定」四個字，也就此阻斷一切可能。

當然規則或規定，都是為了讓群體正常有效的運作，可是很多時候，它們卻也成為腦袋僵化的原兇。我不是要你跟公司唱反調，但是如果可以，你可以讓自己在規則裡，微微越界打破：「八成守規則，二成破規則！」我保證，你的人生一定會從此有趣起來！

【給一級玩家的訊息】

規則或規定，都是為了讓群體正常有效的運作，它們卻也成為腦袋僵化的原兇。

每日任務 ②

「痛點」背後是寶藏，只要你找得到他！

任務重點：痛點力

難度：★★★★

你一定聽過Netflix，它是現今世界上最大的串流影音平台，搞不好你跟我一樣，都是Netflix的忠實用戶。不過你知道Netflix是如何從當初的小蝦米，變成當今的大鯨魚嗎？

這就得從曾經的大鯨魚「百視達」說起了，當時，百視達是全世界最大的影音帝國，他們靠的是租ＤＶＤ給顧客，收取出租費。不知道你有沒有出租ＤＶＤ的經驗，通常新片只能租三天，舊片久一點可以租到七天。但人很有趣，租回去卻不見得會馬上看，拖著拖著，結果發現快到期了才要看，乾脆牙一咬，就給他逾期吧，大不了付逾期的罰金嘛！千萬別小看這個逾期罰金，因為他為百視達創下

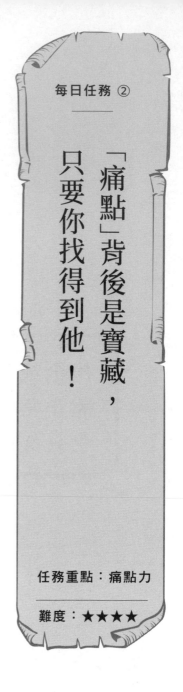

巨大營收。說白了，百視達就是掌握了人性的惰性，顧客暗罵在心裡，但也只能心不甘情不願地付費。

當時有個人叫瑞德．哈斯汀，跑去百視達租了《阿波羅13號》，結果跟大多數人一樣，來不及還片，被罰了40美元。但跟一般人不一樣的是，瑞德．哈斯汀不是咒罵幾句就算了，開始思考，影片出租服務的「痛點」是什麼？要如何創新優化呢？

好不容易，他想出一套新的出租模式。只要顧客月付8到10美元，就可以影片看到飽，公司會寄出DVD到你家，沒有歸還期限，也沒有逾期罰金。但是你得還片，才能繼續租新的片子。這套商業模式，一改百視達「按片計價」的方式，採取「月租吃到飽」，解決顧客「逾期罰金」的痛點。沒錯，這間公司正是Netflix！

最後的結果你知道了，二〇一〇年，百視達宣告破產；二〇一九年，全美只剩最後一間百視達；至今，百視達已經成為時代的眼淚。而Netflix持續壯大，並嗅到網路影音終究會取代DVD，提前轉型推出線上影音服務，成為新一代的影音霸主！

這個故事既激勵人心，卻又令人不寒而慄。為什麼？因為你會發現，這時代沒有什麼是不會被取代的，即便像百視達這樣的商業帝國，一沒跟上時代的變化，好不容易建造出來的商業城堡，一樣灰飛煙滅。當然，你不見得需要創業開公司，可是，你不能不用公司思維來經營人生。「斜槓」早已成為這個時代的代名詞，也就是說除了本業工作賺錢謀生之外，你也可以思考自己還可以用什麼樣的能力，開創副業收入。

重點來了，怎麼樣用「找出痛點」的思維，挖掘個人事業的商機呢？這裡分享給你一招我很愛用的策略，稱為「三圓交集法」，這招最初是我跟好朋友李洛克學到的，他在我心中真的是個人品牌界的傳奇人物，如果你對經營個人品牌有興趣，我非常推薦你讀李洛克的《個人品牌獲利》。好，回到「三圓交集法」，你先找一張白紙和一支筆，在上面畫三個彼此交集的圓，一步步找出你的優勢和市場的缺口。

第一個圓是「你會什麼？」

你必須先盤點自己的優勢，千萬不要看大家一窩蜂在做什麼，就跟著跑進去做。怎麼樣算是優勢呢？以我個人認為，如果這件事做得比50％的人好就算是了。很多人有個迷思，覺得技能要頂尖才夠格出來教人，但其實考90分的可以教考70分的、考70分的可以教考50分的、就算是考50分的，也可以教考30分的。以我自己為例，我在這個圓裡，列出了自己認為的優勢：國文教學、寫作、演講、桌遊。

第二個圓是「他人做不到什麼？」

如果你會，大家也會，那沒什麼了不起。但如果大家覺得很難，可是你卻做得很上手，代表你掌握了別人不會的關鍵技巧，這就有商機了。不過這並不好找，因為對於熟能生巧的人來說，常會覺得這沒什麼大不了。不！不！不！這非常不得了！如果你找不出來，可以問認識的親朋好友：「你有沒有覺得，我做過什麼讓你讚嘆的事？」以我自己來說，很多人都曾問我說：「你怎麼有辦法每天在網路上發文啊？」我才驚覺，原來這件事在大家眼裡是不容易啊！所以，我在圓裡就可以寫下：「他人做不到每天發文。」

第三個圓是「大家需要什麼？」

盤點完你的優勢，以及別人的劣勢後，你就可以開始思考，怎麼用你的優勢去幫助別人的劣勢。因此，這時你要去想的是，怎麼把你會的技能，變成大家需要的產品或服務。以我為例，當時我意識到自己有寫作的優勢，可是問題在於，大家有需要寫作嗎？不是通常會用到寫作，都是因為學生時代要考作文嗎？如果都出社會工作了，也不是擔任文字工作者方面的職務，大家還會需要用到寫作的原因會是什麼呢？後來，我想到了，就是很多人想經營粉專、部落格，或是想出書成為作家，可是他們不知道該怎麼開始。而我的經驗和方法，可以幫助他們，節省摸索和碰壁的時間。因此我在圓裡寫下：「大家需要在網路上產出文章讓自己被看見！」

好，接下來，三個圓兩兩會產生交集。「你會什麼」和「他人需要什麼」產生的交集叫做「優勢」，那是你自信的來源；「他人做不到什麼」和「大家需要什麼」之間的交集叫做「缺口」，那是市場給你的機會；「大家需要什麼」和「你會什麼」的交集那叫做「輸出」，那是你必須持續產出作品的理由。至於，三個圓交集最核心的地方，我將其稱之為「痛點商機」！簡單來說，就是要用你的

三圓交集法

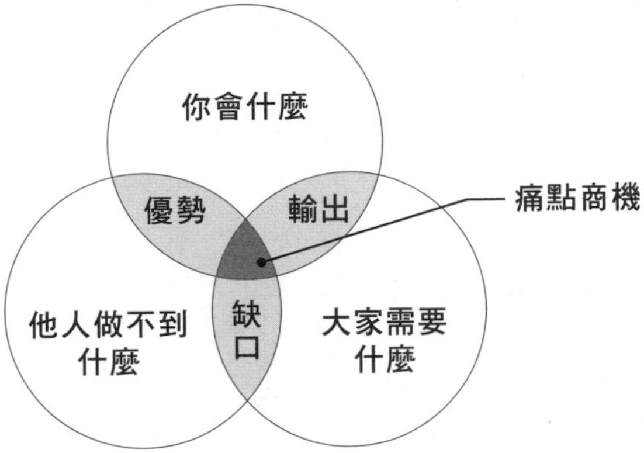

「優勢」，持續「輸出」作品或服務，填補市場的「缺口」。這也就是為什麼後來我決定開設「爆文寫作課」的原因，找回大家對寫作的自信，養成持續寫作的習慣，並且用文字為自己的專業創造價值！

當然，這是我自己當時「找出痛點」的發想過程。我必須說，如果你也想被看見，不必成為別人或下一個我。靜下心，好好的用「三圓交集法」盤點自己擁有的資源，洞察還沒什麼人發現的缺口，當成工作之餘，偷偷集氣憋大招，準備哪一天震盪江湖！那種感覺真的很痛快，你會愛上他的！

每日任務 ③

比起正確答案，問出「好問題」才是制霸關鍵！

任務重點：提問力

難度：★★★★

有天，喬治．麥斯楚帶他的獵犬去森林狩獵，在穿過一片薊草後，他發現獵犬被薊草末端的芒刺黏滿了全身。換作是一般人，會一邊碎碎念，一邊把芒刺拔掉就算了。但是，喬治不一樣，他腦海裡出現了一個新問題：「為什麼芒刺會黏在獵犬身上呢？」

為了解開這個問題，他把芒刺帶回去，拿到顯微鏡下觀察，結果令他大吃一驚。原來，芒刺不是黏上去的，而是「鉤」上去的！怎麼說呢？因為芒刺底端其實有個有鉤子，只是我們肉眼看不到，但在顯微鏡下就清清楚楚。因此當獵犬一接觸，薊草的芒刺就會鉤在獵犬的狗毛上。但我們不知道這層邏輯，乍看之下還

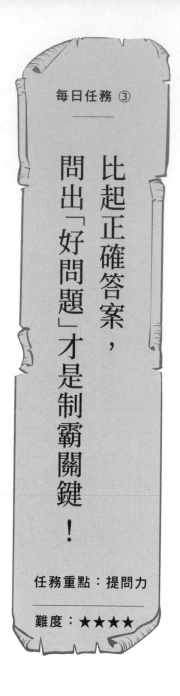

以為是黏上去的。

故事還沒完，喬治理解了這個原理後，他又再度提出一個新問題：「那我可以用芒刺鉤物這個概念做出什麼呢？」想了幾天後，他靈光乍現，找了兩塊布來實驗，一塊上面佈滿了小鉤子、另一塊上面都是小套環，果然不出他所料，這兩塊布接在一起，就黏住了，但其實是小鉤子鉤上了小套環，形成一種黏合的效果，只要用力一拉又可以恢復原狀。這個發明改變了人類的生活，沒錯，這就是我們現在都在用的「魔鬼氈」。

你看，創意的源頭其實不是天馬行空，而是你能不能持續對這個世界提出新的問題。

當然你會說：「道理我懂，可我就是不知道該問什麼？」沒關係，這裡分享幾種日常生活中，就可以隨時運用的提問技巧。

第一種叫做「5Why提問法」。

這招出自於豐田汽車的創始人大野耐一，他強調遇到問題時，一定要反覆往下問五次為什麼，強迫自己追根究柢。因為真正的解決關鍵，往往不是在表層，而是在更深層的問題裡頭才能發現。

舉例來說，豐田汽車的員工看到地上有油，他們第一個會問：「為什麼地上有油？」答案或許很簡單，就是「因為機油不小心漏油了。」但他們會接著再追問：「怪了，那為什麼會漏油呢？」稍微一想，新的答案就出現了：「因為有零件老化，嚴重磨損。」但還沒完，必須繼續追問：「那為什麼零件會嚴重磨損呢？」得出來的答案是：「因為零件品質不夠好。」好，接著有意思了，新的問題再次產生：「為什麼不用質量好一點的零件呢？」這時思考就到另個層面了：「因為採購成本太低。」還沒完，繼續最後一個問題：「那為什麼採購成本這麼低呢？」這下答案呼之欲出：「因為採購部門的績效來自於節省成本。」

你看，當任何一個現象，往下追問五個問題後，你會發現問題的根本原因，並不是表面上看到的那樣。

第二種叫做「多角度思考」。

前陣子我讀了一本書叫做《大腦解鎖》，作者裘．波勒是史丹佛數學教育系教授，也是數學學習網站youcubed的創辦人。更被ＢＢＣ推崇為「改變教育面貌」

的教育家。裡面講到美國的數學教育很有意思，一般我們教孩子除法，都是給一道題，比方50÷8等於多少？要他算出來正確答案就結束了。

但是裘．波勒不是這麼教的，同樣一道題目，她會請孩子把一張紙折成四格，然後把題目50÷8寫在中間，請孩子在這四格，分別用不同的方式練習。有孩子會把它變成文字敘述：「50顆糖果分給8個小朋友，每個人會分到多少顆？」有孩子會用長條圖展現；也有孩子則是畫50個點點，再8個一組一組地圈。

為什麼要這麼做呢？因為學習有所謂的「快功」和「慢功」。「快功」就像是解題技巧，你越練越熟、越練越快，但只要沒有考試，你的武功就廢了。可是「慢功」不一樣，更著重創意表現，你得從兩個遙遠的概念，找到連結的可能，最後你就這麼開宗立派了。

第三種叫做「交叉提問法」。

其實，生活中最好的提問練習，就是找人來訪談，從別人身上汲取靈感和智慧。

目前我有做Podcast，節目名稱是「Life不下課」，常常需要找來賓上節目，每個來賓擅長領域不同，像是理財、教養、表達、管理等。再加上各自風格也不同，有的滔滔不絕，有的惜字如金。所以怎麼樣有效提問，成為我的一大考驗。剛好，我的朋友楚文是主播出身，有非常豐富的訪談經驗，她把這些經驗寫成書《提問力，決定你的財富潛力》，我趕緊買來拜讀。裡面有一招非常好用，叫做「交叉提問法」，也就是把「封閉性提問」和「開放性提問」交叉運用。

先說說什麼是「封閉性提問」，他指的是問題以「是非題」和「選擇題」的形式出現。好比你問對方：「你是搭捷運過來的嗎？」答案只有「是」或「不是」；又或者你問對方：「午餐想吃什麼，咖哩飯還是牛肉麵？」答案被限定在選項裡頭。

再來看什麼是「開放性提問」，這是指問題以「申論題」的形式呈現。好比你問對方：「小資族想要理財投資，你覺得可以從哪些金融商品開始呢？」「一般人想要斜槓創業，你認為該注意哪些事呢？」

回過頭來看「交叉提問法」，就可以分成兩種，一種是「封閉—開放—封閉」，這種問法適合比較寡言或是階級高的來賓；另一種是「開放—封閉—開放」這種問法則適合活潑外向的來賓。

好了，出個小任務給正在讀這本書的你，下次有機會遇到我，你會想問我什麼問題呢？

每日任務 ④

驍勇的你，就差「擺渡思維」

任務重點：幫助他人的能力

難度：★★

因為時間關係，現在的我比較不讀小說了，但，那天讀了張嘉佳的小說，沒想到上了癮，一路讀到無法自拔。其中有一篇叫《擺渡人》，我讀來特別喜歡，沒錯，就是翻拍成電影的那部。我也是讀到，才知道原來是出自張嘉佳的作品。

什麼是擺渡人呢？指的是把人從河岸這端，送到另一端的船夫。故事大概是這樣的，女主角小玉暗戀著人夫馬力，後來馬力老婆給他戴綠帽，馬力近乎崩潰，而小玉默默陪伴。後來馬力在酒吧巧遇前妻和姘頭，竟還遭受對方數落。這時，小玉站出來向這對狗男女提出玩拚酒遊戲，先醉的人就是魯蛇。

結果，這一晚竟是南京酒吧最華麗的一夜。文靜秀氣的小玉在那晚成了酒國英豪，海放那對狗男女，為馬力出氣。

張嘉佳載小玉回去的路上，小玉突然問說：「你這輩子有沒有為人拚命過？」張嘉佳愣住，不知所措。小玉接著說：「我喜歡馬力，但我們不可能在一起。所以我只想做個擺渡人，這樣我就很開心了。」

換個你能理解的術語，擺渡人就是工具人、大仁哥。在愛情的世界裡，擺渡人很傻，他們不斷目送對方上岸，自己只能永遠在水上漂流。

這篇小說給了我一個啟發——格局，**從當別人的擺渡人開始**。

這又是什麼意思呢？很多人誤以為影響力，在於得多少獎、寫多少書、賺多少錢，當然，這多少可以增加影響力沒錯。但我發現，有一種最強的影響力，就是你像是1111人力銀行一樣，將強者擺渡到屬於他的岸上，讓他從此據岸稱王。

這很不容易，因為我們最在乎的就是自己，當自己在拚事業時，拓展都嫌不夠了，哪有時間把機會拱手讓人？若你這麼想，就把餅做小了。

在許維真的著作《自媒體百萬獲利法則》提到一個很有意思的概念，她在臉書經營「一書一觀點」，靠著經營社群收取會員費，年收破百萬。

但，她是怎麼做到的？她說：「我在臉書上想做的就是，1/3的網友是值得效法的對象，2/3則是理解我的朋友，或是與我合作的廠商。」

重點來了，為什麼大家願意付費呢？因為她在社群中，凝聚了各領域的強者，並積極幫他們牽線，讓強強聯手。

而這就是擺渡人的角色。

從遊戲的術語來說，大部分的人都想當戰士或刺客，因為攻擊力強，能見度高。擺渡人就是沒人想當的輔助角，卻是決定遊戲勝敗的關鍵角。

那要怎麼做？很簡單，盤整你所認識的強者，一逮到機會，就把他們推出去。這樣做有兩個好處：

- **提升你的人脈含金量。**
- **讓你身邊的盟友更多。**

就像在玩配對遊戲一樣，我隨時都在想，把誰介紹到哪裡，可以打出最強的combo技！

比方我新書發表會的那天，有位心理諮商師朋友也來捧場。我知道她平常有在寫文章，也很想出書當作家。於是，當輪到幫她簽書的時候，我立刻把她介紹給我的編輯，讓他們互加好友。

這位朋友又驚又喜，直跟我道謝。據說後來，她順利得到書約了。

還有一次，我受邀到「空姐忙什麼」的節目，跟主持人魚導相談甚歡，我注意到這節目其實沒空姐，有點可惜。後來，我介紹一個當過空姐的講師朋友給該劇組。

不過，這麼做之後，我不會去問後續情形，因為那會造成別人的壓力。

對我而言，把適合的人擺渡上岸，看著他們走向合適的人生，就是最大的成就感了。

一直以來，我身邊也有滿滿的擺渡人。但擺渡人有點像燕尾服蒙面俠，你知道他默默在幫助你，卻不一定知道他是誰。

分享一招我最常找出擺渡人的方式。

每當別人邀約你時，除了感謝對方熱情邀約，千萬記得，多問上這句話：「請問您是從哪知道我的？」這句話後勁很強，因為他會讓你的擺渡人現身。

好比1號課堂找我說書錄音頻，擺渡人是東默農，我的編劇朋友；被推薦參加親子天下「創新教育100」，擺渡人是啟維，是我的桌遊朋友。當然，還有很多很多擺渡人，無法一一列舉，我的心裡滿是感激。

套句張嘉佳的一句話吧！「世事如書，我偏愛你這一句，願做個逗號，待在你腳邊。」

做別人的擺渡人，渡他上岸，別擔心自己寂寞漂流，因為有天你會發現，這回為你撐篙的，是別人。你終究會尋得意外的桃花源。

【給一級玩家的訊息】

格局，
從當別人的擺渡人開始。

每日任務 ⑤

調回你的原廠設定

任務重點：
不停的寫

難度：★★

全世界最文青的工作，我想，應該就是誠品文案寫手吧。當年，一個政大廣告系大四學生，不知天高地厚的去應徵，面試官考了她一道題目：「為《誠品閱讀》雜誌寫文案！」

她閉上眼，任靈感流淌，洋洋灑灑地寫下「閱讀者的群像」：

海明威閱讀海，
發現生命是一條要花一輩子才會上鉤的魚。
梵谷閱讀麥田，
發現藝術躲在太陽的背後乘涼。

佛洛伊德閱讀夢，
發現一條直達潛意識的秘密通道……
在書與書之間，
我們找尋各式各樣的閱讀者。

她可能已經忘記面試官的神情，但她確定的是，從此成為誠品特約文案師。她是李欣頻，文案天后，但她更喜歡的稱號，可能是詩人、靈修者、旅人、知識佈道家、教育者……，或是下一個即將誕生的稱號。

我有幸應平安文化的邀約，與鮪魚在生鮮時書和欣頻對談。我上過不少節目，也跟各式各樣的高手聊過，但我發現，欣頻是最深不可測的一個。應該說，當你胸有點墨，卻撞見另一片浩瀚海洋，於是你的海岸線必須重新描繪。

分享幾個這次對談的巨大啟發：

- **閱讀的方法錯了，怎讀都是枉然。**

欣頻買書很瘋狂，有時一個月就花了近萬元。她說人生的問題，書中都有解，所以問題解不開，一定是書讀得不夠多。但，不是從頭讀到尾就是讀完書了。

首先，你要從作者的視角來讀，猜猜下一頁作者會怎麼說。其次，你要讀出作者沒有寫的。不是照單全收，而是去想他哪裡沒寫出來。

最後，你要閱讀、思考、然後輸出。寫作是最好歸納知識的方法，所以你看一堆在寫書評的人，他們都深諳此道。

●寫作不是無中生有，而是下載檔案。

當我好奇問欣頻：「《李欣頻的寫作之道》寫了多久呢？」她回答：「七天左右吧！」我嚇到下巴掉下來。

但，她提到一個有趣的觀點：「寫作不是無中生有，而是把檔案下載下來。」很多人怕寫，咬著筆桿，第一句遲遲無法下筆，並不是他不會寫，而是他把寫作搞得太崇高。但是，如果作品早就在雲端了，你只是把它下載下來，那還會有寫不出來的問題嗎？當然，下載的前提在於，你的雲端資料庫要夠豐富。

欣頻說自己平常就會累積大量詞庫，從書中、從電影、從旅程。所以當她要寫作時，就像是打開水龍頭，那些字句根本擋都擋不住。流了七天，流出一本新著作。

我知道你跟我一樣，羨慕翻了。

● 調回你的原廠設定。

欣頻提到，最有創意的其實是孩子。但隨著教育規範，他們都被刻成同樣的模子，然後成為無趣的大人，最後過著平凡的人生。這太可怕，她不要。所以她不斷讓自己位移，保持孩子般的好奇，因為那才是真正屬於我們的原廠設定。

就像你用的電腦，下載一堆軟體、調整一堆程序，最後卻發現越跑越慢，我們都會選擇回歸原廠設定。但為何人生，我們偏偏硬著當機下去呢？

科學界曾提出一個有趣的話題：「螞蟻是二度空間的生物，因此牠無法感知三度空間的存在。」那麼三度空間，在螞蟻的認知中會怎麼呈現呢？比方一塊磚頭，在螞蟻眼裡，就是一個長方形；你放一根樹枝擋住牠去路，牠會感覺到這裡憑空多出了一個空間。螞蟻無法理解三度空間的運作方式，但我們看螞蟻的二度空間卻十分透澈。其實，這就是跟高手對談的感覺。我原先是隻螞蟻，活在二度空間，但當一個高手為我指路，打開了另一個思考角度。從此，我發現了三度空間，人生因此而不同。

每日任務 ⑥

遊戲角色技能點滿了，那你自己呢？

任務重點：佈局技能樹

難度：★★★

你打過世紀帝國嗎？糟糕，這樣一問，是不是就暴露我的年齡了？無所謂，這不是重點。重點是，你最喜歡世紀帝國中，哪一個種族？

等等，你確定這是重點嗎？別急，你先回答我嘛！

我最喜歡的種族是歌德，這個種族的優勢是人海戰術，三秒出一隻步兵：劍勇、戟兵、哥德衛隊……，讓對手不堪其擾，打死一隻，還有千千萬萬隻。但，歌德也不是沒有弱點的，這個種族沒有鼓風爐技術，所以攻擊力少2；換言之，單挑一定輸，但沒人敢跟哥德打群架……。

對不起，我扯遠了。

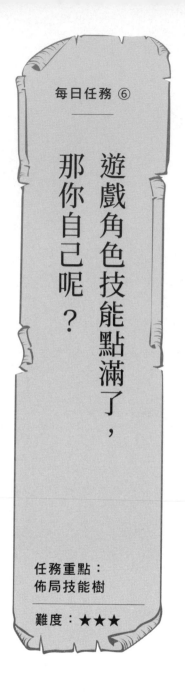

世紀帝國有個概念我特別喜歡，叫做「科技樹」。指的是玩家在單位升級時，可以選擇的方向，以樹狀圖的方式呈現。每一次升級，都必須付出資源，好比木頭、食物、黃金……，至於要升級什麼，就要依據場上的情勢判斷。對方出騎士騷擾你，當然趕快升級長槍兵。對方出一隊劍勇衝過來，趕快升級弩兵嚴陣以待。

在即時戰略遊戲中，各種族的發展選擇，叫做「科技樹」。不過，如果是個人視角的RPG遊戲或動作遊戲，這時，就叫做「技能樹」。

兩者的概念是相同的，當你是初出茅廬的小白，打了幾隻野怪，賺了點經驗，就能開始決定要點開什麼技能。當然，因應不同遊戲，有不同側重的方向。但大致不脫這三種：攻擊力、防禦力、生命力。

遊戲特別迷人的地方在於，你看著角色慢慢成長，技能樹越點越茂盛！你看著下一階，還沒辦法點開的技能，趕緊再去多打幾隻怪，湊足需要的元素或碎片，成功解鎖技能，然後看見更大的技能網。這就是打遊戲的樂趣啊！

可是，你有沒有認真想過，人生的樂趣其實也可以這麼做的。不然，你遊戲角色技能點滿了，可現實中的你還在起始設定，難道不空虛嗎？

跟你分享我的做法吧！

第一步，角色設定。

把你當成遊戲角色，設定攻擊力、防禦力、生命力。攻擊力是你想發展的能力，防禦力是你本來就在行的本業，生命力是你希望別人記住的標誌。以我為例，攻擊力是「爆文寫作」；防禦力是「創意教學」；生命力是「故事表達」。

第二步，技能導師。

找到能幫你點開技能的導師。這一步非常重要，看相關書籍也可以，但沒有比找到技能導師學得快。因為高手理解的方式，跟我們不一樣。除了去學技術，更重要的是學思維方式。

打聽一下領域行家的課程，可以依據價位分成三階：一千以下是一階，一千到五千是二階，五千以上是三階。務必評估自己能力和財力，選擇確實能幫你點開技能的課。

你可以仔細研究我的技能樹，在臉書上毫不藏私，而且全部攤開給你看，這些領域專家都曾幫助我點開一個個技能。

第三步，以教為學。

你聽過費曼吧！費曼有個學習技巧，我特別喜歡。這個技巧叫做「費曼技巧」，簡單來說，就是當你學會一個概念後，馬上找個人來教，若有遇到自己講不清楚的地方，立刻回去重新研究這概念。這就是「以教為學」。

這有點違反人性，因為大多數人學了，卻還覺得自己不夠格。但請問，怎樣叫做夠格呢？這裡建議你把「教」換個框，換成「分享」這個詞，是不是就好多了？

因為教不好，會怕人家說話；但你有聽過分享不好，被人家說話的嗎？所以一旦點開技能，就要試著去教別人。

不論是舉辦免費的分享會，或是收費的課程都好。重點是，你要敢教，才能確保技能點到底。

其實，人生分成「有限遊戲」和「無限遊戲」。

把人生當「有限遊戲」的玩家，他們會在大學畢業，或是找到一份穩定工作後，就停止學習。在他們的認知裡，學習的目的就是找工作，找到工作後，人生就破關了。不能說這是錯誤的，但他們會錯過很多隱藏關。

可是如果你把人生當「無限遊戲」，哇！整個世界又不一樣了！每點開一個技能，發現還可以繼續升級，所以更認真打怪、修行。因為你很好奇，還有什麼技能可以點。

我們的人生有限，但我們可以玩成無限遊戲。

【給一級玩家的訊息】

遊戲特別迷人的地方在於，
你看著角色慢慢成長，
技能樹越點越茂盛！

每日任務 ⑦

有一種風景，叫天下無敵

任務重點：
必須專注

難度：★★★

學生時期，班上常會有小團體，本來嘛，投緣而義結金蘭，是好事。但麻煩的是，人總容不下異己，免不了偷放幾支箭，然後看好戲。好在學生時代沒什麼利益衝突，所有恩怨在畢業典禮時，相忘於江湖。

但進入職場後，就沒那麼簡單了，同事之間，最開始是興趣相投，而利益總愛考驗人性，於是，有些人形同陌路、有些人兵戎相見。

他們嘴上說的是：「沒有啦！大家都是好同事。」心裡卻想著：「非我族類，其心必異。」

職場上有道題一直以來被討論熱烈：「職場上到底有沒有真友情？」

我的答案比較悲觀一點：「沒利益衝突時，有；有利益衝突時，沒有。」

不過，你先別嚷著生無可戀，急著遁隱山林，因為你能仍無敵於江湖。只要你懂得「無敵」的意義。

很多人以為壯大自己就能逼近無敵，你看葉問一個打十個，再看獨孤求敗獨步武林，所以開始潛心修練，誓言擊潰假想敵。但你叫葉問打一百個試試？叫獨孤求敗單挑群俠看看？

只要處處樹敵，你終究兵敗無疑。

到底要如何無敵呢？《軍師聯盟》的司馬懿可以給你解答。

那時，曹操挑選繼承人，在曹丕和曹植之間猶豫不定，檯面下當然也是暗潮洶湧。楊修輔佐曹植，一個是智商超出曹操三十里，另一個是才高八斗，這個組合是堪稱天下無敵。而司馬懿輔佐曹丕，一個老遭曹操忌憚，另一個總被老爸討厭，這個組合完全是天下悲劇。

好幾次，楊修使計把司馬懿逼入絕境，一下嫁禍他老爸司馬防，一下又是栽贓他哥司馬朗，司馬懿防不勝防，只能險中求存。但楊修全力為曹植爭位，卻反倒踩到曹操的地雷，試想，誰會希望未來的儲君被控制。

楊修迎來的結果是：被曹操殺了。《三國志》裡這麼說：「太祖既慮終始之變，以楊修頗有才策，而又袁氏之甥也，於是以罪誅修。」楊修贏在聰明，卻輸在太聰明。

照理講，除去楊修這個大患，司馬懿一定開心的手舞足蹈對吧？但《軍事聯盟》是這麼演的：楊修行刑前，司馬懿卻為楊修求情。這下曹操懵了，想說你們倆不是在鬥嗎？如今我幫你拔了這根刺，你反倒幫他求情？

司馬懿接下來講的這句話，值得你寫五次後背下來。真的。

他說：「臣一路走來，沒有敵人，看見的都是朋友和師長。」

你可以說他假惺惺，也可以說他在做戲。但基本上，能說出這句話，你的心態就立於不敗之地了。

當我們把對方當成敵人，腦海中就會浮現一個指令：消滅。

接著，就會處心積慮要鬥倒對方，開始捕風捉影、造謠生事，你的人生變成以消滅對方為目標。就算對方有做得好的地方，為了避免認知失調，你也會氣得牙癢癢，說小人得志。

你把時間都花在恨敵人，哪來的時間愛自己？

最好的方式是別把對方當敵人，就當成是自己的一面鏡子。對方做得好，逼自己去讚美他；對方做得差，忍住別去攻擊他。

我不是要你當爛好人，而是要你成為無敵之人，唯有如此，你才能真正專注在自己身上。我見過太多人，把心思放在詆毀對手，見人失意而舞蹈，見人得意而跳腳。目光如豆，這又是何苦？

最後，想起一個故事，李敖以直言敢罵聞名，他曾說：「對我李敖而言，沒有永遠的朋友，也沒有永遠的敵人，只有永遠的正義。」

他跟余光中的恩怨，更是大家關注的好戲。但奇怪的是，面對李敖的口誅筆伐，余光中卻不回應。

直到人家向余光中問起此事，他這麼說：「他天天罵我，說明他生活中不能沒有我；而我不搭理他，證明我的生活可以沒有他。」

不管你喜不喜歡余光中，但這句話值得做為你的護法咒語。

記著，生命短暫到已嫌不夠用了，別那麼仁慈的還把時間分送給敵人。

喔不！說錯，不是敵人，是朋友和師長。

【給一級玩家的訊息】

我不是要你當爛好人，而是要你成為無敵之人，唯有如此，你才能真正專注在自己身上。

每日任務 ⑧

夢想不值錢，但野心無價

任務重點：
喚醒野心

難度：★★★

二〇一八年，我的人生迎來爆炸性的成長：出了一款桌遊、一門線上課、一本書、設計國文課、讀書會、受邀演講。

我的成長線從「線性成長」正式蛻變為「指數成長」。這讓很多人跌破眼鏡，說實在，我自己也嚇了一跳。於是，仔細想想，在這幾年，我做對了什麼？才能站在風口，順風飛翔。

我決定整理一系列「個體崛起」文章，幫助大家在未來也能開始做真正想要的自己。

首要先認清一個現實，這是一個「個體崛起」的年代。網路的光速發展，讓知識更易取、聲量更易傳，以前想要出一本書，可能要參加文學獎嶄露頭角、或是投稿出版社碰碰運氣。

但我之所以能夠出書，是因為在網路寫文，被編輯看中，就談合作出書了。網路增快了「個體崛起」的速度，你就像是武俠小說的主角，不用練一輩子的內功才成大師，也有可能跌進谷裡，看到壁上劍訣，潛心修練一陣，出來就震盪江湖。

可是，比起「努力」更重要的，是「方法」。

個體崛起的第一個關鍵，就是要「保持野心」。野心這個詞，不知道從什麼時候開始被妖魔化了，好像是電影反派才會有的變態心理。說實在的，我敬佩反派的野心，他們有明確的目的性、系統化的作法，以及打死不退的韌性。要不是主角威能、光環護體，電影反派才是現實中會成功的一方。

或許，「野心」這個詞太過功利，於是找了個詞取代它，叫做「安穩」。

「選個畢業後好找事的科系吧！」

「先找份安穩的工作吧！」

「趕快結婚生小孩，穩定下來再說。」

不陌生吧！這樣的安穩，把我們的野心都給磨光了。

這是你要的人生嗎？不是吧。

如果關於野心，你覺得反派的例子太毀三觀，不如換個例子來說好了。當年，秦始皇君臨天下，所有百姓都匍匐在地給他磕頭，只有兩個人挺立著。

一個說：「大丈夫當其如此！」

這是嚮往的神貌。

另一個說：「吾可以取而代之」

這是逆襲的霸氣。

後來，這兩人震盪天下，前者是劉邦、後者是項羽，他們的話裡，早有野心。

也許你會問，要到哪裡去找野心呢？我建議你，可以透過問自己這三個問題，讓你沉睡的野心，悠悠轉醒。

● 什麼是我想做，卻被唱衰的事？

我剛迷上桌遊時，滿頭熱，看到人就拉來一起玩桌遊，腦子裡想的全是桌遊如何結合教學？在那段期間，有人告訴我不可行，諸如進度壓力、玩樂過度之云。

我笑一笑，揮一揮手，轉身朝志同道合的人玩去。

幾年後，桌遊變成顯學，還有不少學校靠發展桌遊得到金質獎。

這讓我體認到一件事，人家唱衰你，可能是為你好，但另一種可能是：你看見比他更遠的未來。

● 現況下有什麼事讓你不甘心？

有件事很殘酷，就是對現況滿足的人，多半很難有野心，野心多半帶著一份不甘心。

有時，我們會抱怨學生不比以往，但只能繼續過著對牛彈琴的日子，我不甘心陷入那樣的循環。因此，我想的是，難道只能對幾個班的學生講嗎？能不能與更多學生、老師、成人對話呢？

其實不見得是學生不珍惜，而是再好的老師，聽久了終究會失去新鮮感。當你跨出去，彼此一期一會，你感動了他們的生命，他們也為你找回了熱情。

● 你想向世人證明什麼事？

為什麼熱血漫畫總是讓人熱淚盈眶？

說穿了，因為他們總是：癡！人！說！夢！

但現實早壓著我們的頭，向平庸俯首稱臣。從此，我們喪失癡人說夢的本能，只能從熱血漫畫裡去尋。就像我最愛的漫畫《航海王》，你瞧草帽海賊團裡的每個人，都在癡人說夢啊！

魯夫說他要成為海賊王，然後一次次被打趴，卻也一次次站起來，把打趴他的人，打飛。索隆說要成為第一劍客、香吉士說要成為第一廚師、娜美說要成為第一航海士、連麋鹿喬巴都嚷著要成為第一神醫了。他們要向世人證明，不抱大團，也能航進偉大的航道。

而你呢？你想向世人證明什麼？

我想證明國文也能有趣有用；我想證明丹鳳這樣的小池塘，也能孕育出虎嘯龍吟的人才；我想證明自己絕不只是如此。

野心，從不是征服天下的武器，而是和你靈魂演奏共鳴的樂器。別談夢想，那會讓你覺得是好久以後的事；不妨談野心吧，然後把手按在心口上，感受那炙熱活躍的心跳，那會讓你覺得此刻非做些什麼不可。

最怕是你活得庸庸碌碌，還高喊平凡可貴。

【給一級玩家的訊息】

我敬佩反派的野心，他們有明確的目的性、系統化的作法，以及打死不退的韌性。

每日任務 ⑨

靠自制力養成習慣的人，都投降了！

任務重點：自制力的訓練

難度：★★★

我最怕遇到一種人，就是他羨慕你的生活，可當你告訴他方法時，他突然使出一個後撤步。像是他可能會說：「歐陽老師，我好羨慕你能兼顧工作和寫書，我也想要寫點東西……」我好為人師的毛病爆發，立刻跟他說：「沒問題啊！你可以先從什麼什麼做起。」

他先說好啊！但接著又說：「可是我每天工作完就累癱了，沒辦法像你一樣有自制力。」

你發現了嗎？這就是多數人的盲點，以為習慣養成是靠「自制力」。

大！錯！特！錯！

真正有自制力的人，基本上是不太用到自制力的，他讓一切習慣「自動化」運作。

關於習慣這件事，我是直到這幾年，才開始有意識的研究並落實。像現在新課綱講求「自主學習」，立意很好，不過，我認為在期待學生主動學習前，若能先建立起他們的「習慣系統」，讓學習自動化，自主才有意義。那麼，我們可以怎麼做呢？

請記住接下來要分享的「習慣的四要素」！

第一要素「簡單」：做一下就好！

要建立一項好習慣，一開始要讓行動簡單好做，簡單到五分鐘以內就能完成。比方你想開始寫作，不要設定「每天寫一千字」這種行動，因為寫沒幾天你就會想要放棄了。

你的肌肉還沒鍛鍊到能負荷這種文字量，就別舉啞鈴砸自己的腳。因此，可以先設定：「我每天寫作，哪怕只寫一句話都可以。」難度降低，低到不做都不好意思了。當然，你可能會問：「這樣每天寫一句，也太少了吧！哪會進步？」

請放心，重要的不是多少，而是「開始」與「維持」。

很多人把習慣標準設得太高，所以遲遲沒開始；或是好不容易開始了，沒多久就停擺了。降低習慣的難度，你才會願意去做，當做完時就會發現：「好像還蠻容易的，既然時間都花下去了，不如我再多做一些吧！」

就像是設定每天做一下伏地挺身，身體下去起來後，覺得力氣還夠，就再多做個兩三下；設定每天讀三頁書，書翻完三頁後，還想知道後面寫什麼，便又多讀了兩三頁；設定每天寫一句話，寫完一句話，想再多補充一下，於是多寫了兩三句。

千萬別小看「簡單」的力量！

第二要素「環境」：養個好空間。

每次去速食店用餐，總會看到有學生在店裡讀書，我好奇心起，就邊吃薯條，邊觀察他會怎麼讀。

看他讀了五分鐘的書，停下來喝了口可樂，這時訊息聲響起，他趕緊拿起手機，看完訊息後飛快回訊。接著訊息往返、漁歌互答、此樂何極，就這樣二十幾分鐘過去了……

我心想，這莫非就是傳說中的「番茄鐘工作法」？可是不對啊！人家番茄鐘是工作二十五分鐘，休息五分鐘，可他老兄怎麼是反過來啊！哪來的番茄鐘？只有薯條沾番茄醬。

當然，我知道有人是可以在速食店專注念書的，只是我知道那人不是我、也不是你。因為要對抗「環境的暗示」，實在太難了。

別把環境當成空間，要把環境當成是與你的「關係」。速食店是吃飯聊天的地方；書房、圖書館是讀書的地方；房間是睡覺的地方；客廳是放鬆聊天的地方。當你妄想把一個地方，當成「複合式空間」使用，那麼，犯懶一定會戰勝上進。

陳海賢在《了不起的我》，談到一個概念我很喜歡，叫做「在身邊養一個場」。這是什麼意思呢？如果你想養成專注學習的習慣，你要做的不是在四處都放書，然後期待自己走到哪讀到哪。而是在家裡養一個專門學習的場，一切與學習無關的東西，都不能在這個場裡出現。

我之前會在客廳看書，但發現效果都很差，因為看沒幾頁書，一下想跟老婆聊幾句；一下又跑去逗女兒；一下又滑手機滑個沒停。

所以，我把場區分開來，當我要看書、寫作、備課，就會進到書房，把手機放在客廳。

千萬別小看這個動作！只要誘惑物沒出現在你的視線裡，就會提高取得的行動成本，降低你的使用慾望。

這在行為經濟學，就是所謂的「雙曲貼現」，意指：「對時空近的物品覺得有價值，對時空遠的物品覺得無感。」

眼不見為淨，看似一種逃避，但用在培養「習慣場」則再正確不過了！

第三要素「順便」：我只是順便。

要知道，養成新習慣之所以難，就難在它是「新」的，意味著你得花額外心力改變。改變對大腦的負荷過大，因為大腦不負責你的成長，他只負責你的生存，所以會用最懶的方式，讓你消耗最少能量活下去。

所以，不要想改變大腦，而是要懂得搭上「懶的便車」。

想要養成新習慣，絕對不是像動漫主角熱血大喊：「我每天要讀1小時的書！」「我每天要解10題的數學！」「我每天要投一百顆的球！」

因為熱血之後，你第一個遇到的路障，上面寫著：「你哪來的時間？」你想想也對，決定倒車入庫窩回家。

那麼，你該怎麼辦呢？

答案是，先找出你每天本來就會做的事，然後在那件事後面，加上你順便想養成的新習慣。

因此，你的習慣設定會是這樣：「洗完澡後，我順便讀1小時的書！」「吃完飯後，我順便解10題的數學！」「放學回家前，我順便去投一百顆的球！」

瞧，當你這麼設定時，原先的路障就被挪開了，因為「順便」對大腦而言，不需要花額外的力氣煩惱，聰明地騙過愛偷懶的大腦。

在知名暢銷書《原子習慣》，也有這樣的概念，叫做「習慣堆疊」：找出自己的每日習慣，然後把新的行為堆疊上去。從今天起，記得把「順便」掛在嘴邊！

第四要素「反饋」：看不見不算。

你先想一個問題：為什麼手遊讓人沉迷，而讀書往往讓人痛苦呢？

我認為最關鍵的原因，在於「反饋」看不看得見。手遊裡你做的每一件事，都看得見反饋：殺一隻小怪，頭上冒出100金幣；打敗一隻王，經驗值飆升1000點；然後你看著自己，不斷升級變強，多有成就感啊！

反觀讀書呢？

背一堆英文單字，頭上不會冒出智力加100；好不容易讀完一本書，也不會看見經驗值加1000。往往要到好久以後，才會知道當初的努力有沒有用。

這就是習慣養成最大的困難，只要看不見反饋，動力就會大打折扣。如果想養成新習慣，你得跟手遊學習設計反饋，讓你所有的努力都看得見。

史蒂芬．蓋斯的《驚人習慣力》提到「月曆策略」，就是在房間貼張大月曆，當你今天有完成新習慣，就在月曆上畫個大叉，代表你解完今日任務啦！

如果有一天沒畫叉，你就會覺得那空白很惹眼，逼使你每天都要上去解任務。

這也就是為什麼手遊都一定會有「每日登入獎勵」，為的就是要養成你天天上線的習慣。

我自己的方法是把每天要完成的事，都寫在便條紙上，只要完成就用紅筆槓掉。當小任務全部解完，就可以爽快地把便條紙揉掉，然後犒賞自己吃喝玩樂一番。

好，最後再跟我複誦一次「習慣四元素」：

簡單、環境、順便、反饋。

然後記住，**別想用自制力跟懶惰打仗**，因為**大腦是站在懶惰那一邊的**。

所以你要不斷告訴大腦：「這很簡單，做一下就好！」「手機在客廳，還要拿好麻煩！」「我很懶，我只是順便做！」「看，都解這麼多任務了，不解完怎行！」

一開始養成新習慣，會像是在爬樓梯，爬到氣喘吁吁；但慢慢當你覺得腳底生雲，低頭一看，原來，大腦竟為你裝了手扶梯！讓你人生扶搖直上。

是啊！強大的成果總是姍姍來遲，所以等到的人始終不多。

每日任務 ⑩

人家知識是鑽石，我怎麼滿臉是碳粉？

任務重點：
找到嫁接自己的能力

難度：★★★

你知道嗎？石墨和鑽石都是由碳原子組成的，但為什麼價值差這麼多？因為兩者碳原子結構不同的關係。其實，知識也是如此。

很多人以為一直買書看書，就會變得很厲害，但當他發現讀了那麼多書，好像沒有什麼改變時，他就開始焦慮了。最後，書成為他家的裝飾品。

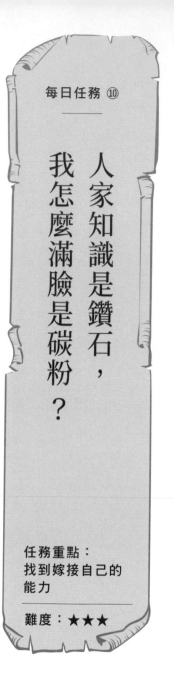

你是不是也有過這樣的經驗呢？到底問題出在哪裡？

先講個例子讓你明瞭。前幾天，我聽講師培祐說書，講的是《說出亮點吸引力》（這本書很棒，我有買！）裡面提到了「道具法則」，教你在演講中怎麼運用道具吸引觀眾注意，有三個步驟：

- 秀出道具
- 展現問題
- 帶出解答

這是一個明確的識點，大多數人會很開心把這三點記牢，然後再用時間來忘記。

但培祐接下來怎麼做？他舉了臺大哲學系苑舉正教授的例子。苑舉正經常在新生座談會被家長問：「讀哲學能做什麼？」使得整場活動像是「新生轉系座談會」。

一開始，他回答得很空靈，空靈到連他自己都懷疑人生了。可是後來他想到一招。當人家又問到他這個問題時，他拿出一包「乾糧」，於是，大家盯著乾糧猛瞧。他說：「哲學，就像這包乾糧。人生路上，不可能總吃山珍海味，路途遙遠，遍佈挑戰，這時，乾糧就是真正能陪你走遠路的糧食。」

這包乾糧，給全場聽眾內心一記重擊，從此，他們對哲學深信不疑。

培祐講完這個故事後，他拿出一顆球說：「我在教溝通時也是這樣。說話者是丟球的人，聽話者是接球的人。好的溝通就是你的訊息丟出去，而對方也確實接住了。」

你是否已經發現到了嗎？對於這個知識點，培祐怎麼把它鍊成鑽石？

他做了三件事：「**理論建構－案例連結－自我應用**」。

這時，知識點才有了原子架構。

把知識變成鑽石的關鍵，就是：萃取「知識晶體」。

這個概念我是從古典的著作《躍遷》看來的，「**知識晶體」是指：讓知識點形成穩固架構，從散裝變成晶體，強化硬度，方便提取。**我發現高階的學習者，都有一套自己的「知識晶體」萃取法。

我有一個講師朋友叫張忘形，「忘形流簡報」的創辦人，現在是澄意文創的專業講師。他的簡報很神奇，只有黑與白、扁平化圖示、樸素到我不知道該怎麼形容。

但是，他用簡報說故事、談觀點、寫書評，每一則貼文都是破千讚起跳，影響力很強大。人家憑什麼？因為他有一套「知識晶體」：「複雜理論－簡化概念－圖文呈現」。這就是人家知識變鑽石的秘訣。

所以你問我：「歐陽，你怎有辦法狂寫文章？」這很簡單，因為我用寫作來讓知識晶體成形。我的知識晶體是：「核心概念－故事嫁接－觀點植入」。雖然天天寫文有點辛苦，但是你有看過有人產鑽石還嫌辛苦的嗎？

知識，就是這時代的頂級鑽石。

這篇說得太多了，一下子把高手們產鑽石的技術都告訴你了。不過，實在是因為我不希望看見認真努力的人，卻弄得滿臉黑碳、懷疑人生。

知識有價，但你需要靠知識晶體，才能讓光彩奪目的鑽石出現在你眼前。

每日任務 ⑪

願意閱讀很好，但不夠好

任務重點：
每月買一本好書

難度：★★

這幾年，很多人鼓吹閱讀，連圖書館都像是有業績壓力似的。業界朋友告訴我，有圖書館祭出借書抽機票的活動。看來，書中自有黃金屋，是真的。

我自己也推廣學生閱讀，在我的班上每個禮拜都有新書上架，有圖書館借的，有出版社提供的，但更多的是我自掏腰包買的。

由於本身有講讀書會的緣故，若課堂時間允許，我會說一本書給孩子們聽。從《小學問》、《思考的藝術》到《寫作是最好的自我投資》什麼都講，這時可以發現，他們聽的比讀課本還入迷，我喜歡這樣的上課氣氛。

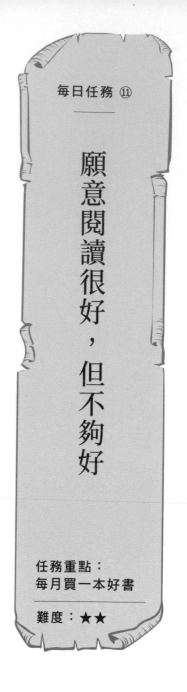

雖然我都拍胸脯保證，聽歐陽老師說書，只要二十分鐘，就讓你把書中所有知識都吸收。這麼說，當然是為了製造一種有聽有賺的獲利感。但到最後，我總會像電視購物專家一樣，不忘強調：「這本書，就三個字：超好看！」「如果一輩子只能買一本書，我會買這本書。」「這本書我買了兩本，一本放班上，一本我自己讀。」

有些機靈的孩子會嚷著：「齁！老師，業配業配！」我笑一笑，知道這是他們的玩笑話，但也知道玩笑背後是他的價值觀。

如果要業配，我也不會做書的業配，因為出版社能給你豐厚的文化貨幣，卻往往給不起真實貨幣。何來業配之用？

我只是甘願做一個賣書郎。

前陣子，跟孩子們說完《小學問》。這是一本我自己很愛的書，講得特別賣力。就在昨天，我看見韋承桌上有本《小學問》。

「韋承，你去買的？」我好奇的問。

他點點頭。

「你去哪買的？」我接著問。

他說是從博客來買的。

「老師，然後我還有買這本……」

韋承從書包裡拿出另一本書，書名是《寫作是最好的自我投資》，也是我上課說過的書。不知道為什麼，這比他去借書更讓我雀躍，雀躍到我找他拍了張合照，說要當以後學弟妹的典範。

我們鼓勵孩子借書閱讀，就我而言，閱讀很好，但不夠好，願意買書才夠好！也許你會說，學生哪有錢買書啊？是嗎？如果你看到他們用的手機、穿的衣服鞋子、買的飲料零食，再來說這句話還不遲。

有時候，你願意把錢花在哪裡，也就表示你把價值放在哪裡。

當然還是可以多借書，但我跟孩子們說，如果可以的話，養成每個月為自己買本書的習慣。

當犒賞自己、當為出版業盡份心力、當投資自己的價值觀……，一本書新台幣兩百多塊，真的買不起嗎？

不是，只是你覺得，還有比投資自己腦袋更重要的事而已。買本屬於自己的書多好，那點微微心痛的感覺，讓你更珍惜這本書。跟你買雙新鞋一樣，無微不至的呵護它，深怕染了一絲塵埃。但書不一樣，你可以在上面盡情畫線、盡情摺頁、盡情筆記。

在這本認知存摺裡，看著知識聚沙成塔，匯聚成智慧。

想起一個有趣的回憶，有次去一間公家機關演講，講的是桌遊。我拿出的桌遊，被機關主管看到，就問我一盒多少錢，而我據實以報。我以為他想買，正想告訴他可以上哪買時，結果他說：

「你就送我們機關一盒嘛！」

我：？？？？？？？

他看起來不像在開玩笑，當然，我尷尬的表情也不像。

我像是來做銷講的嗎？但我知道他們會這麼問，除了幾分貪小便宜的成分外，骨子裡可能也是這麼想的：「這東西哪有值這個價啊？」

最後，我笑一笑，也沒多說什麼。然後暗自決定，以後別來了。

但你說我一毛不拔嗎？

前陣子，我去一間學校演講，邀請我的銘聖老師，說他買了三十本我的書。我說：「你自掏腰包買？」

銘聖老師笑說：「沒有啦！我買來給畢業生，要他們以後再還我書錢。」

我知道，那是他怕我心疼而講的說詞。我立刻拿出一盒桌遊《七骰成詩》送他，他驚訝的不知道該說什麼，但我知道你懂。

記住，你的錢花在哪裡，也決定你的價值觀在哪裡。花錢買書、也買支價值觀存股，我還真沒看過哪支存股會跌的，真的。

【給一級玩家的訊息】

你願意把錢花在哪裡，
也就表示你把價值放在哪裡。

每日任務 ⑫

定型了自己，就別奢望成長！

任務重點：心態的養成

難度：★

我很喜歡觀察學生，預測他們未來的發展，來看看自己的眼光準不準，結果通常滿準的。這也不是什麼大學問，憑一項指標就夠了，那就是：他是「定型心態」？還是「成長心態」？

這個分類是由史丹佛教授卡蘿．杜維克提出，並把這個研究發現寫成《心態致勝》。

若是「定型心態」的人，認為天賦是與生俱來的，因此在學習的時候，只在乎結果如何，一旦發現不如預期，會乾脆選擇逃避或放棄。他們不喜歡別人的建議或批評，因為那是對自己的否定。當你想給予建議時，他們會一直說：「我知道、我知道！」「可是我覺得……」「不是，不是，因為我們……」

到最後願意跟他們說真話的人越來越少，他們也就只停留在舒適圈了。

而「成長心態」的人，他們認為天賦雖有影響，但可以透過努力而改變。所以渴望知道要做些什麼才能更好，他們把建議或批評當成磨刀石，把能力磨得更亮。不等你開口，就會跑來追著問你：「我的作品怎麼樣可以更好？」「我想練寫作，可以找什麼書來看？」「老師，你是怎麼做到的呢？」

他們也擅長跟自己喊話：「我還可以更好！」「我絕對可以做得到！」「今天的我，沒有極限！」（噢，最後一句是《閃電霹靂車》風見的台詞）。

如果你問「成長心態」，在一個班的比例大概有多少？我只能說剛好符合「二八理論」，大約兩成左右。可想而知，未來出社會最優秀的那兩成人才，掌握了八成的好機會。

你看那些神人，從他說出來的話就能嗅出成長心態的味道。

比方人家問愛迪生，你怎能忍受五千次失敗？愛迪生不解的說：「我沒有忍受啊！我只是找出五千種不可行的方法。」

愛因斯坦這麼說：「一個人從未犯錯，是因為他不曾嘗試新事物。」定型態度不就是如此嗎？做最安全、重複性最高的事，維繫尊嚴，放棄成長。

那麼，有什麼辦法能讓孩子或自己擺脫定型，擁抱成長嗎？

第一，別誇他聰明，多誇他努力。

當你說這孩子聰明，他會為了符合這個期待，而選擇難度低的事去做，因為那意味著成功率高。若一定要誇獎的話，就請誇他努力！

比方，我在班上舉辦讀書會，就常用到這個方法來誇孩子：「你們知道俊傑最讓我感動是什麼嗎？就是他很緊張，卻很努力，勇於挑戰用互動方法來導讀！」「你們看雅娟，為了導讀《刻意練習》，花六個禮拜努力讀懂它，轉化成大家能理解的說法！」

當你誇孩子努力，他會知道成敗不是一切，而是更把焦點放在努力的過程。

第二，植入成長心態句型。

班上不是都有佈告欄嗎？過去我們都是放班級公約，上課不遲到、上課不睡覺等，結果流於形式，也沒人在乎。

但是你知道嗎？美國很多學校已經採用「成長心態」句型，來作為佈告欄的內容。

比如：把「我就是不懂！」換成「我忽略了什麼嗎？」、把「我放棄了！」換成「我得試試別的辦法！」、把「我犯錯了！」換成「犯錯能使我變得更好！」

這世界沒有所謂的真實，如果說有，那不過是我們信念過濾後的結果。

你看待事情的角度，會決定你面對的方式，最終影響你全部的人生。

CHAPTER

02

技能樹 01

感知外界的溝通能力，人際關係

嫁接世界的能力，

需要溝通！

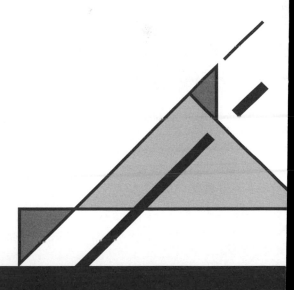

技能樹_感知外界的溝通能力①

人多的地方別去！走出你自己的路！

任務重點：獨特力

難度：★★★★

我知道從眾會帶來安全感，但要知道，安全感不等於安全啊！

先跟你分享一個故事。美國有個人叫約瑟夫．甘迺迪，這名字聽起來很熟悉對吧！沒錯，他就是第三十五任美國總統約翰．甘迺迪的老爸。而這個約瑟夫．甘迺迪很早就開始投資股票，累積了不少的財富。

有一天，他走在街上，看到有個擦鞋童提供擦鞋服務，想說給年輕人掙點錢吧，就請擦鞋童為他服務。這擦鞋童動作俐落，咻咻咻很快擦起鞋子來。當然，在擦鞋過程中，為了避免無聊，擦鞋童開始跟約瑟夫．甘迺迪聊天，從日常生活聊起，聊著聊著，竟然聊到股票投資，而且是由擦鞋童開啟話題的。甚至，擦鞋童還不斷給約瑟夫．甘迺迪許多股票投資的建議。

約瑟夫．甘迺迪擦完鞋回去之後，立刻做了一件事，你知道是什麼事嗎？他賣出了手上所有的股票。果然沒多久後，一九二九年美國發生了經濟大蕭條，股票慘跌，許多人血本無歸，而約瑟夫．甘迺迪成功躲過一劫。

約瑟夫．甘迺迪當時察覺了什麼，讓他果斷決定賣股票呢？答案是，他聽著擦鞋童高談闊論股票，發現不對勁，因為擦鞋童屬於勞動階級，照理講不太會接觸到股票投資，可見當時社會風氣，連擦鞋童都開始聊起股票，代表股市過熱，投資人過度樂觀，這是崩盤的前兆。約瑟夫．甘迺迪就是用了「避免從眾」的思維，才成功躲過股災。

股神巴菲特說過：「在別人恐懼時我貪婪，在別人貪婪時我恐懼。」也是經典的「避免從眾」思維方式。他會在股市瀰漫恐慌，投資人紛紛拋售股票時，果斷進場低價買進好公司的股票；同樣的，當股市一片樂觀，投資人瘋狂追高股票時，他會警覺到市場過熱，開始賣出股票。

「避免從眾」非常違反人性，但是如果你不想讓平庸成為你人生的注解，你非得這麼練習不可。

給你一個簡單有趣的練習，曾經在網路上有張圖爆紅，這張圖畫了兩個人在聊天，後面有群羊在吃草，圖上寫了一段話：「你是砍柴的，他是放羊的，你和他聊了一天。他的羊吃飽了，你的柴呢？放棄你的無效社交吧！」網友們一看，覺得太有見地了，瘋狂轉傳分享。

或許，在讀這一篇之前，你肯定也是分享大軍的一員。但現在的你不一樣了，我要你「避免從眾」，繞開「無效社交」這個觀點，想辦法為這個故事開展新的「結局」與「啟發」。

別急著看後面的參考答案，請自己先想過一遍。在這之前，跟你分享一下「避開從眾」帶給我的人生轉變。

我大學讀的是師大國文系、研究所唸臺大中文所，後來順理成章的成為一位高中國文教師。當時的想法很簡單，因為周遭的人都認為大環境不好，軍公教有鐵飯碗，收入穩定，絕對是好選擇，所以我從眾了。直到後來我有機會，出了幾本書、接了演講邀約、認識不少創業者，才驚覺人生有另外一種可能性，開始動了辭職創業的念頭。

當然，過去的從眾觀念仍深植在我腦海，所以我開始用「避開從眾」的思維說服自己：

「能陪伴學生成長是件很有意義的事，難道不好嗎？」

↓陪伴學生成長很好，但如果我出來創業，做節目、四處演講，不是能陪伴更多人成長嗎？

「當老師收入很穩定，穩定不好嗎？」

↓收入的確很穩定，但也意味著薪資沒什麼成長空間，如果我出來創業，有更多商業機會，收入成長不是更好嗎？

「當老師退休之後，有終身俸不好嗎？」

↓終身俸的確讓人羨慕，但回頭想想，現在退休金制度不斷再改，越改越少。如果我出來創業，把多賺來的錢拿來投資，創造被動收入，我真的還需要等到終身俸嗎？

很有趣的是，當我開始用「避開從眾」的思考方式，就會得到完全不同的結論，而且言之成理。最後的結果你知道了，任教十年之後，我辭去教職，展開自由作家、講師、主持人的多元人生。當然，相較過去的穩定，現在的確充滿挑戰，但是我樂此不疲。

對了，差點忘記給你前面那道練習的參考答案。

【參考答案1】

「你是砍柴的，他是放羊的，你和他聊了一天。他學會了放羊的技巧，你學會了砍柴的技術，你們都收穫滿滿。所以，這個故事告訴我們，要永遠保持空杯的心態。」

【參考答案2】

「你是砍柴的，他是放羊的，你和他聊了一天。他把買柴的客戶介紹給你，你把買羊的客戶介紹給他，你們的客源變得更多了。所以，這個故事告訴我們，整合人脈資源很重要！」

【參考答案3】

「你是砍柴的，他是放羊的，你和他聊了一天。你們想到可以合開一間烤羊肉店，你提供上好的柴，他提供上好的羊。所以，這個故事告訴我們，要合作打造完美的團隊！」

不過我相信，已經懂得避開從眾思維的你，想出來的答案一定比上面三個更有創意！

技能樹_感知外界的溝通能力②

想尊爵不凡，先訓練別人如何對待你

任務重點：相信自己永遠值得

難度：★

我們作為講師的，時常交換情報，例如哪些單位能去、哪些別去。因為我們看過最多的人情冷暖。

曾有講師朋友分享他的慘痛經驗，他去某間學校演講，承辦人對他一無所知不說，連笑容都不願意裝一下。

當課程開始，他卯足全力開講，台下學員振筆疾書！他很感動，方才悶氣一掃而空，不過也很好奇，自己才剛開始講，哪這麼多重點好抄。於是他定睛瞄了一下，不看還好，一看，心裡的陰影面積無限開展。他們哪裡是抄什麼筆記，全是在改聯絡簿來著。

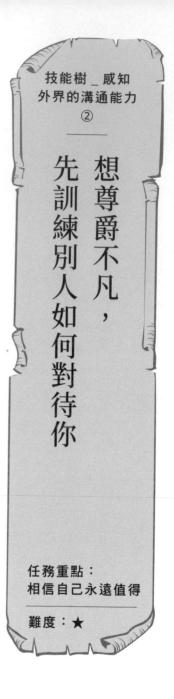

接下來課程他講了什麼，自己也全不清楚了，只知道他像個錄音機，趕快把帶子放完走人就是了。

原來，這場研習只是承辦單位為了核銷經費，不得不辦，這些聽眾則是被強迫來的臨演，但臨演都比他們敬業多了……

聽完朋友的慘痛教訓後，我只做一件事：把這單位列入51區，別靠近就是。

其實，我剛開始出來演講時，也有過類似的經驗。這在所難免，因為我們都不是大咖，遇到好聽眾，全憑運氣。可是後來我做了一件事，從此遇到好聽眾的概率，是90％！但賣個關子，等一下再告訴你方法。

先來分享一件小事。一次，有個出版社業務，知道我有在跑學校和企業演講，開心地對我說：「歐陽老師，我這邊有很多Case，之後會多pass給你！」（很流暢的晶晶體XD）

好，如果是你，這時候會怎麼回呢？

「沒問題、沒問題！謝謝你幫忙引薦！」

多數是這樣，對吧！但，我是這麼說的：

「拜託不要！」

業務愣住，因為他以為自己聽錯了，怎會有人拒絕這麼好康的事。

「如果只是要核銷經費的演講，拜託別找我，浪費彼此的時間，是謀財害命！」我接著解釋。

「不過，如果是對方指名非我不可，那我會認真考慮。」我面帶自信的微笑。我永遠忘不掉業務一臉不可置信的神情。

那串話我說得自信，但心裡其實很挫，萬一人家以為我大頭症，以後再也不引薦演講怎麼辦？不過，顯然我的擔心是多餘的。此後，邀請我的單位無不讓我感動連連。

有的會讓聽眾先讀我的書；有的會在現場辦我的書展；有的會讓孩子們寫學習單；有的還會致贈卡片和伴手禮。幾乎再也沒有遇到那種把你當空氣的聽眾。

故事到這，你知道為什麼當時我明明很想被引薦，卻仍要故作姿態嗎？因為——若你想要倍受尊重，**就要訓練別人對待你的方式**。

太多時候，我們都太客氣善良了，面對邀約都覺得是機會。結果去了才發現：主辦只是為了交差，而你是祭品；對方要你做功德，免費或是打折；聽眾把你當陌生人，只想趕快閃人。

你心裡罵了無數聲「馬的！」但下一秒人家邀你時，又是一聲「好的！」你沒訓練他們對待你的方式，就得永遠活在委屈裡。這不是拿翹，而是必須讓對方知道，**你的時間有多寶貴！除非你覺得自己的時間很廉價。**

那麼，要怎麼做呢？分享幾個簡單的方法：

- **訂好自己的接案原則。**

不要來者不拒，而要讓對方知道你的原則。原則意味著你的自信，有自信的人，在別人眼裡，自然更能贏得尊重。

我的接案原則是「非誠勿擾」，過濾掉那些只想貪便宜的主辦單位，參與的聽眾水準自然拉高，他們也更願意去跟別人分享你的好。

- **直接問明費用。**

很多人接案子，一開始不太好意思問價錢，等時間敲定後才問，結果對方給的價錢很低，你想拒絕又不好意思，因為這樣擺明就是錢少的問題。

朋友，別這樣，對方不上道，但，你有義務讓他回歸正道。

談案子時，如果對方沒報費用，你一定要主動先問，那是對自己的時間價值負責。如果對方報高，恭喜，算你賺到！那如果對方報低呢？

你可以跟他說：「按照這個費用，我幫你介紹其他人吧！」或者，你也可以這麼說：「之前邀約我的某某單位，他們給的費用是這樣，給你們參考看看。」

通常，這樣講對方就會明白了。

- **公開感謝真誠待你的單位。**

如果接待你的單位，真的讓你感動萬分，一定要記得公開感謝對方。一來，對方為了你，願意投入這麼多心力，感謝是基本的做人原則。二來，這麼做的話，同時也是在對其他單位釋放一個訊息：「如果想要邀請我，可以參考看看別人是怎麼做的。」

也許你會問，如果合作後是個不友善的單位，要不要發文昭告天下呢？你都氣一次了，幹嘛還要發文氣第二次呢？我的建議是不要，但一定要把對方列為黑名單，以後別再去了。若是有同業朋友問起這邀約單位如何，就給他一個尷尬而不失禮貌的微笑。

相信我，你值得被認真對待。

【給一級玩家的訊息】

若你想要倍受尊重，
就要訓練別人對待你的方式。

技能樹＿感知外界的溝通能力③

有種管理，叫做「期待管理」！

任務重點：
管理給人的期待值

難度：★★

先來分享兩件小事。

有一天上課時，擴音系統出問題，試了幾次後，我決定不用麥克風，直接原音上陣，便請小老師哲勳幫我收麥。哲勳邊收邊擔心的問了我一句：「老師，這樣你聲音撐得住嗎？」

外面天氣很冷，但此刻心裡很暖。

第二件小事是這樣的。每次帶孩子們參訪完，便會要求他們回去寫五百字心得，然後寄給我。孩子們也都很乖，大部分會準時交來，信件內容不外乎就是：「歐陽老師，這是我的心得，再請您過目，謝謝。」

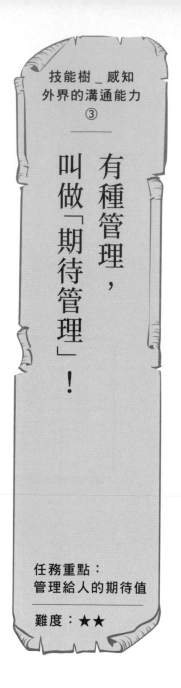

但有一封信，特別吸引我注意，是奕禎寄來的。她在信件最後是這樣寫的：「祝老師有個好夢！」那晚我不記得有沒有做好夢，只記得自己睡得特別香甜。

這兩個孩子不經意做了一件小事，卻牢牢抓住了我對他們的注意力。

而這就是我想要談的一個重要概念，叫做：「期待管理」。

管理你自己，在別人心中的期待帳戶。

一般而言，期待帳戶有三種：

第一種叫「活存期待」。

這是指如期完成交辦的任務。期限剛剛好、內容剛剛好、應對剛剛好……，這種期待就像把錢存在郵局，表面上有在儲蓄了，但還稱不上投資。

因為我們都知道通膨速度大於活存利率，就算有好好儲蓄，錢卻越來越少。所以，當大多數人，都能做到剛剛好時，那你的競爭優勢就不見了。

終究淹沒在茫茫人海之中。

第二種叫做「付貸期待」。

這就像是把錢拿去還信用卡卡債，表面上你只要付最低金額，倘若真的這麼做了，其實還會額外付出更多的利息。因此，這種期待就是沒達到別人的期待，作業交不出來、案子交不出來，最後即便交出來了，那也只是在還期待的利息。這是最虧的局面，被扣分，卻還是得做。

第三種叫做「投資期待」。

一個人若懂得經營「被動收入」：像是寫書、錄課開源，再用保險、外匯、股票投資。久而久之，登入自己的帳戶，會發現錢不知不覺變多了。

「投資期待」就是當你能快一拍、多一步時，就能超乎對方的期待。那當然，也會得到更多意外的機會。重點來了，「期待管理」到底要怎麼做才好？

很簡單，就兩步驟：

一、確定期待標準值。

一個人的口碑，取決於他每次與人協作時所予人的感覺，慢慢匯聚而成。

當你在面對一件事時先想想，這件事的標準值在哪？若你是大學生，教授說期末報告年底交，期待標準值就是12／31。若與人相約，約好下午三點咖啡廳見，期待標準值就是下午三點。若是跟客戶談案子，評估案子兩個禮拜可完成，標準值就是兩個禮拜。

先設定好標準值，下一步我們就來校調了。

二、「後拉」與「前推」。

接下來，這個技巧就十分重要了！如果你們還沒談好截止日，那你要努力把截止日「後拉」到標準值以後，再「前推」自己的交件日。如果截止日已經確定了，那就只要努力前推交件日就好。

不過，這說起來簡單，做起來卻很不容易，因為人都有壓死線的天性。覺得早交很虧，但是一個不小心就遲交了，所以最後都在還期待的卡債。我先自首，因為我就是這種人。可是，一旦做好期待管理時，就會贏得對方的「注意力紅利」。

以上談的都是工作面的期待管理，但有另一種期待管理，是落實在生活日常之中。也就是：「如何為別人的生活，帶來一點點的驚喜時刻？」這是我常給自己的重要課題。

例如搭計程車，車資90元，有時，我會拿出一百元，告訴司機大哥：「大哥，開車辛苦了，一百元不用找了！」司機大哥連聲道謝。不是因為我凱，而是我知道，他排了那麼久的車隊，結果載到我這坐短程的，賺沒多少錢，又要回到那長長的車龍去。而我用10元，做了期待管理，買了他的快樂，也給自己添了一份幸福感。

再來，像是我的演講場合，只要有講師朋友來，以前的我會覺得有壓力，怕自己表現不如他們期待。但後來我想通了，與其炫技證明自己厲害，不如把厲害的他們介紹給聽眾。所以我在台上，會說說他們的故事，也會請他們聊聊自己的專業。我用10分鐘，做了期待管理，讓他們的專業被看見，也讓場子顯得眾星雲集。

我們常把期待看得太重，又怕把身邊人的口味養刁了。你說：「萬一哪天我們給不出期待了，那怎麼辦？」其實，你多慮了，因為期待並不是整天想驚喜，而是讓自己習慣比別人：提早一步、多想一層、多說一句。

久而久之，你根本不需費心思量，因為那些你曾給出的期待，早已形成最強而有力的口碑。

【給一級玩家的訊息】

當你能快一拍、多一步時，
就能超乎對方的期待。

技能樹_感知外界的溝通能力④

你給人的，全部都會流回來

任務重點：人脈存股

難度：★★★

我的爆文寫作工作坊，從二班開始有下午茶，而且是喝「迷客夏」啊！（一班學員表示……）

寫作是很燒腦的，尤其下午時段上課，縱使動力滿點，也很容易昏昏欲睡。這時來一杯紅茶拿鐵或是柳橙綠茶，不論是奶香或是果香，都讓人精神為之一振。為什麼會有這個改變呢？其實是有故事的。

大約半年前，有個臉友敲我，他叫吳家德，是迷客夏的前副總經理。家德簡單介紹了自己，說我的文章給了他很多啟發，謝謝我這麼用心寫文。

後來，我出了《故事學》，家德在臉書恭喜我，然後跟我說：「我想訂40本《故事學》，給迷客夏的店長們看，不知道方不方便請你簽名呢？」

哇賽！我沒見過有主管竟會買書給夥伴增能的，家德是第一個！我很好奇，他為何願意這麼做。因為我們也沒見過面，卻一口氣花了近八千元來買書。

他先是開玩笑說：「可能是我薪水比別人高吧！哈哈。」但，接下來他說的這句話我一直把它放在心底。

他說：「我覺得自己是個幸運的人，所以更要把這份幸運分享給周邊的人，這會讓我更幸福。」

的確，那一刻我覺得自己很幸運，而家德感到很幸福。

過了一陣子，我的《故事學》新書分享會在國語日報舉行。就在我出發前往時，接到家德的電話，那是我第一次聽到他的聲音。

「歐陽，我家德啦！今天我剛好順路，想去參加你的新書分享會，還會帶滄碩老師一起喔！」

我心裡又再次溫暖起來，趕緊請編輯幫忙，留給兩位嘉賓位置。就這樣，在那天新書分享會，我第一次見到家德，也認識滄碩，然後把李洛克介紹給他們。

這故事到這，應該要告一段落了。

我開始籌備爆文寫作工作坊，因為我想幫助更多人，透過寫作被這個世界看到。這世界很有趣，就算你很好，但別認為會有人義務推薦你，你不說也不寫，就永遠孤芳自賞。

可能是我的理念打動大家，一班很快就額滿了，二班、三班也接連滿班。當爆文寫作工作坊結束時，大家開心互揪拍照留念，這時門邊，看見家德熟悉的身影。

我立馬迎上前，跟家德打招呼。

「家德，你怎麼會來？」

家德說：「我剛好有朋友來報名，就跟我說上課地點囉！所以想說來給你探班打氣。」

說完，他拿了兩杯迷客夏給我，一杯紅茶拿鐵、一杯柳橙綠茶。

「你喝一杯，也幫老婆帶一杯吧！」他說。

「哇！你也太用心了吧！謝謝你還特別來探班。」

上完一天課很累，但收到家德的用心，精神又飽滿了起來。

「對了，你旁邊這位是？」

我注意到家德身邊，有一位笑容可掬的中年人。

「哦！這位是迷客夏的店長阿新，剛好店面在你們工作坊附近，就邀他一起來認識你喔！」家德笑著介紹，阿新也熱情地遞上名片。

我喝過那麼多手搖飲，手上這兩杯讓我感受到真正的溫度，是因為家德的緣故。於是，我做了個決定，往後的爆文寫作班下午茶都訂「迷客夏」！

我自認算是擅長結緣的人，也曾寫很多篇文章分享跟貴人結緣的技巧。但人生有趣的是，當你越往上爬，就會看見更強的人是如何結緣的。結得自然而然，結得溫暖走心，既會讓你感受對方的用心，卻又不會讓自己感到壓力。

就像同樣是水之呼吸，炭治郎已經練到家了，但富岡義勇使出來，又更優雅、且威力強大。

我突然想起一本書，叫做《花掉的錢都會自己流回來》，談的是用錢好好投資自己，別怕花學費，因為最後都會賺回來。

其實，人跟人之間的善意，不也是如此嗎？越是長大，就越不敢主動認識人，把自己封閉在舒適圈，好像這輩子就與家人、同事共度餘生了。

但我從家德身上，看見了樂於和任何人結緣的能力。有些人只和大咖結緣，好像認識越多大咖，就顯得自己社會地位越高，這種人根本功利又市儈。但，家德是只要讓他看見感動或佩服的事，就一定會衝去認識這個人。

我讀家德寫的書《觀念一轉彎，業績翻兩番》，其中，有兩個小故事讓我印象深刻。

第一個故事是這樣的，有次他在高鐵上，看見一個貴婦因丟了東西，急得請高鐵列車長Doris幫忙，但口氣不是很好。可這位列車長從頭到尾都沒有被貴婦的情緒影響，始終保持笑容，果斷處理，最後貴婦東西也找了回來。

家德下車後，跑去跟站台要了張顧客意見表，在表上大大讚美Doris的盡職。爾後，他在高鐵遇到Doris，也會主動攀談讚美，還送給她自己寫的書。

那第二個故事呢？

有一回家德登上《今周刊》封面，那集主題是「把路人變貴人，讓機會主動現身」。除家德外，還有另外四位，也同樣是封面人物。

照理說，一般人就翻翻報導，知道一下其他人做了什麼。但家德怎麼做？他想盡辦法，去認識同樣跟他上封面的人，透過臉書、朋友轉介、最後還真被他約出來認識了。

看到這，簡直瞠目結舌，因為換作是我，絕對做不到這樣。但讀了家德的故事，我決定以後也要試試看。

其實，人脈就像存股，買了它，就忘了它，然後坐領股利。同樣的道理，你為人付出後，就趕快忘記這回事。反正你已經賺到幸福了，而且，搞不好哪一天，你會發現，你花出去的善念，竟都連本帶利地流回來了。

技能樹_感知外界的溝通能力⑤

五招表達技巧，讓你成為人群中的前10%

任務重點：表達能力

難度：★★★

班上孩子為學弟妹辦傳承活動，準備得很開心，熱鬧滾滾。節目內容非常紮實，有課程分享，也有團康遊戲。不過，我從不相信即興發揮，所以決定提前彩排，把所有節目看過一遍，並針對每個表達細節提出建議。

其實，班上孩子在我長期逼迫下，都習慣表達，也落落大方。不過，當導師本身是故事教練時，標準自然無限上綱。因為我相信一件事，這世界的紅利，都是留給善於表達的那前10%。

我給孩子們幾個表達的建議：

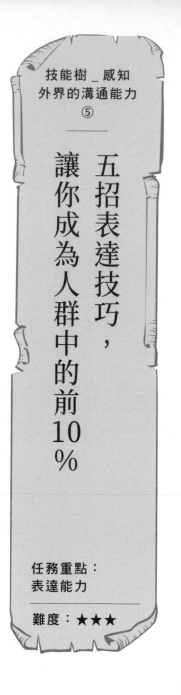

● 主持稿要印出來，別用手機看。

我發現，孩子們很喜歡把檔案存手機，然後上台主持時，就拿著手機看。的確，手機很方便沒錯，但絕對沒有比紙筆有效。你看綜藝節目主持人，手上都會準備手卡，當內容需要調整時，馬上就能更改。

當你用手機時，是無法立即調整的。寫作時，我用的是手機，但準備上台，我堅持用紙本，不放過每個稍縱即逝的靈感。

● 簡報一圖勝千言。

我們習慣用簡報表達，放上滿滿的文字，覺得心安，但事實上，效果還不如一張圖。

孩子們站上台，分享語實班的講座和課程。我只告訴他們，聽眾沒參與過你的經歷，不管你講得再詳細，他們腦中都是一團迷霧。因此，必須放入照片，一張簡報一張照片，越大越好。讓聽眾一邊聽講，一邊看著照片，才能在他們腦海中留下印記。

● 簡報用背的，別用唸的。

沒訓練過的表達者，習慣把簡報檔逐字稿，看著簡報唸。可我請問，那要「你」幹嘛？

所以，別忘了，站上台之後，簡報只是輔助，你必須跟簡報合而為一。不是看到下一張才知道講什麼，而是你早就知道下一張是什麼。因此，身為厲害的高手會背簡報。

有次我到一個地方演講，結束後，有位聽眾跑來找我說：「老師，你一定花很多時間準備齁！」我好奇問他何以見得。他說：「因為我發現你都不需要看簡報。」

展現專業的方式，就是對你講的內容，瞭若指掌。

● 聚焦一個人才是故事。

我發現孩子們表達，很容易講一大群人發生的事。

比方小棋分享自己參加青年外交大使的事，提到帶小朋友的過程很辛苦，因為他們都不受控制，亂亂跑。

我問小棋：「有沒有哪個小朋友，讓你印象最深刻呢？」小棋說有，是個胖胖的小男生。我說很好，那你就說你跟小胖的故事就好。為什麼呢？有句很經典的話，是這麼說的——「一個人的死亡是故事，但一百萬人的死亡，就只是數字。」

唯有聚焦一個人，才能讓聽眾隨他的悲喜起舞。

● 聽眾只會被你的Why打動。

表達有個很重要的概念，叫做「黃金圈理論」，從內圈到外圈，分別是：Why—How—What。

其中，Why最重要，這代表你為什麼要做這件事，背後是你的信念，只有信念才會打動聽眾。

大多時候孩子們的分享，會著眼在What，也就是我做了什麼。但是，當聽眾不明白你的執著時，自然也無法對你做的事有共鳴。

我問班上的獎金獵人翊芳（不誇張，才高二的她，就拿了八個文學獎，還是校外獎項！）說：「你為什麼願意報名各種的比賽？」她想了一下說：「因為不去寫，我會手癢。」

漂亮！這才是可以打動聽眾的Why。

最幸運的是，我對班上孩子的表達很嚴格，但他們的心很柔軟、意志很堅定。也許，他們的成績，不會是人群中的前10%，但我從不擔心。因為真實人生，只要你學會表達，就能成為人群中的前10%。人家來不及細讀你的輝煌，所以用說的，比較快！

【給一級玩家的訊息】

這世界的紅利，都是留給善於表達的那前10%。

技能樹_感知外界的溝通能力⑥

有趣的人，腦子都在想什麼？

任務重點：幽默能力

難度：★★★

不知道是不是因為我講話好笑的原因，蠻多人會問我要怎麼做，才能變「有趣」？這時我就會問，為什麼想要變有趣呢？

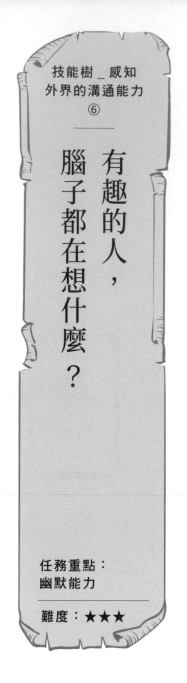

得到的回答常常是：

「因為我覺得自己講話很無聊。」

「因為講話好笑比較受歡迎。」

「因為女生比較喜歡有幽默感的男生。」

等一下，大家是不是搞錯什麼了？我發現很多人把「有趣」與「說話好笑」畫上等號。所以開始找笑話、聽段子，結果除了冷場和被句點，還多了個尷尬王的稱號。

其實，真正有趣的人是不刻意去說笑話的。

換個角度想，當你聽到「我要說笑話囉！」是不是就會有很高的預期？預期越高，笑點就越難滿足你。除非你是脫口秀演員，早已身經百戰，不怕尷尬，不過絕大多數人不是。

那麼，要怎樣成為一個有趣的人呢？

第一，形象反差。

說穿了，「有趣」就是指你在別人眼中的「意外感」。當我們接觸一個人時，有所謂的第一印象，從他的言行、職業、外貌，來判斷他的整體形象為何。當這個判斷符合我們的觀察，就會覺得一切正常；但如果能打破既定的判斷，那麼，意外感就出現了！

舉個簡單的例子，《水滸傳》裡面有個角色叫做「花和尚魯智深」，相信你一定印象深刻。

明明是和尚，但所做所為完全不像和尚（當然，他當和尚是為了逃避追緝）。

人家吃齋念佛，他喝酒吃肉；人家慈眉善目，他怒目金剛；人家不問世事，他嫉惡如仇。

所以你看他出現的回目，都一定跟一個字有關，那就是：「鬧」！強烈的形象反差，成就這個角色有趣的原因，因為他打破了我們對和尚的預期。

當然，這個例子比較戲劇化，不如換點實際的例子來看。比方我有個朋友，叫李火山。最初的認識，是他來到我們學校演講，講的是「動物的生命教育」。學生一聽這個主題，腦中開始預想：講師應該是個文質彬彬、戴副眼鏡，抱著小貓小狗，說話輕聲細語的人吧。

結果演講那天，來了個彪形大漢，體格壯碩、身上刺青，我還以為他是講師的保鑣，結果沒想到他就是講師李火山。

你看，形象反差先聲奪人，緊接著，李火山開口了，他樣子很兇悍，但沒想到講起話來妙語如珠，逗得全場捧腹大笑；說到動物被虐待時義憤填膺，燃起學生心中的那把怒火。

說實在，演講要抓住學生目光不容易，但我永遠記得那一天，全場幾百個學生，屏氣凝神投入他的演講。

當然，外形上的反差全憑機緣，但內涵上的反差是你可以努力的。比方我是國文老師，但聽完我演講的人，常說我不像他印象中的國文老師。我說哪裡不像呢？答覆如下：

「你感覺比較入世一點……」

（等等，國文老師是有多出世？）

「你講話不會文縐縐的……」

（你是被哪個年代的國文老師教到啊？）

「你講的例子好廣，不會都是講古人。」

（說得好！我喜歡借其他領域的概念，來講同一個道理。）

保有原本的專業，但如果可以的話，讓自己越界一點點，形象反差，將是你開始有趣的第一步。

第二，心態開放。

我觀察身邊這麼多人，發現「有趣」的人皆有個共同點，那就是「心態開放」。很多人在面對新事物時，會下意識的抗拒或批評，為了捍衛自己的價值觀。無趣人最常見的回應是：

「學這有什麼用？」

「可是，可是……」

「沒興趣，你自己去吧！」

但有趣人不一樣，他們總能從不同領域事物，悟出新道理，找出串連的可能。

曾看過一個有趣的問題：「學霸」和「學神」差在哪裡？學霸是以「努力」的心態學習；學神則是以「好玩」的心態學習。

試著回想《三個傻瓜》這部電影，裡面的查托就是學霸，很努力、很認真、也很功利，但跟有趣沾不上邊；可是主角藍丘就不一樣，他熱愛的是學習本身，任何知識在他眼裡都很好玩，他不會問學這個有什麼用，最後他成為擁有多項專利的發明家。

在我身邊，也有許多這樣有趣的人。像是我的人生導師許榮哲，本來唸的是水利工程，後來覺得文學有趣，就投奔文學的懷抱，開始寫小說。

小說寫著寫著，人家問他文學能結合桌遊嗎？他心虛的說「能！」之後，就趕緊跑去學桌遊了，隨即發現兩者的接點，於是全台開講，講「桌遊文學」。

後來，他對電影有興趣，便開始研究電影、拍攝電影，摸出一套可行的方法後，於是全台開講，講「電影文學」。

接著，人家問他可以講行銷嗎？榮哲想了想，小說和電影的核心都是「故事」，那麼何不用故事來談行銷呢？於是他開始到處講「故事行銷」，還順便寫出《故事課》，結果不小心成為暢銷書，狂賣幾萬本！

你注意到了嗎？很多時候，機會向我們招手，只是常把「可是」掛在嘴上的我們，硬是讓機會吃了閉門羹。別再「可是」了，改說「有意思」吧，心態開放，機會才會再度上門！

第三，轉換說法。

一群人聊天，一般人選擇附和話題，但有趣人想的是怎麼轉換說法。推薦你讀一本書，叫做《成為有趣人的55條說話公式》，作者是吉田照幸，他是電視製作人，製作了很多膾炙人口的搞笑短劇。

他提到，有趣的人常在腦中進行「聯想遊戲」：「這個概念，我能用什麼東西類比嗎？」「這個說法，怎麼樣講才會更有畫面感？」

書中舉了個例子，人家問：「今晚吃秋刀魚好嗎？」假設你不想吃，你會怎麼回答？一般人的回答方式是：「又是秋刀魚，饒了我吧！就算盛產也不用天天吃啊！」

但有趣的人會去想：「秋刀魚有沒有別的說法可以代替？」

突然，他靈光一閃，於是這麼回答：「每天都能攝取DHA真的不錯耶！不過，攝取太多好像也不好喔！」

你發現了嗎？其實有趣不等於好笑，而是在說法上會讓人耳目一新。

再多舉幾個例子。補教名師呂捷你一定聽過，同樣講三國故事，但他講的就不一樣。比方他要講劉備軍隊潰敗，是這麼說：「劉備的軍隊是常常被沖散的，你知道我怎麼形容嗎？即溶奶粉。噗呼一下就沒了。」

哈哈哈……

他要講關羽威猛，是這麼說：「這時，關羽停下了馬，往後怒瞪，追兵嚇得一動也不敢動；於是關羽繼續騎，追兵又繼續追；一瞪、一停、一跑、一瞪、一停……，後來有個遊戲就是這麼來的，叫做：一二三，木頭人。」

哈哈哈哈哈……

說穿了，轉換說法不外乎就幾個國文學過的修辭技巧：類比、借代、誇飾、婉曲。重點在於，要習慣性的更新詞庫，手搖杯都要推陳出新了，憑什麼我們說話就那幾個詞呢？

我一直認為：「有趣，是一種才華。」而且是極少數人，才擁有這種才華。他們總是打破別人的預期，因為他們知道，生活不該只有一種樣貌；從不輕易妄下論斷，因為他們知道，心態開放，趣味才會不請自來；而且永遠探索新的說法，因為他們知道，語言是有賞味期的，讓聽眾嚐到最新鮮的說法，是有趣人的義務。

但願你我身邊，都有這樣的有趣人。

CHAPTER

03

技能樹 02

儲存戰鬥力，專業能力累積

找到自己的專才，

儲備能力。

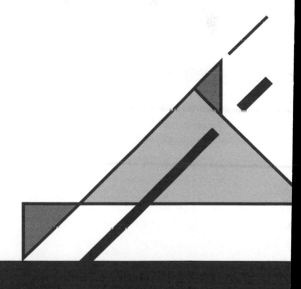

技能樹_
儲存戰鬥力 ①

領域好擠，跨越領域才能海闊天空！

任務重點：跨域力

難度：★★★★

正在讀這本書的你，相信有一定的閱讀習慣。那我考考你，你知道近五年來全世界賣最好的書是哪一本嗎？提示你一下好了，書名是四個字「原……」，沒錯！就是詹姆斯．克利爾的《原子習慣》，目前全球賣破五百萬本，光是台灣就是佔了四十五萬本！是不是很驚人呢？

但這不是重點，我想要你思考的是：「為什麼寫習慣主題的書這麼多，卻是《原子習慣》爆紅熱賣呢？」當然，你可以說，因為作者把習慣養成分成四步驟：提示意見、有吸引力、行動簡單、獎賞滿足，讓習慣有系統化。你也可以說，因為作者用了很多案例和數據，強化他論點的說服力。難道其他談習慣的書

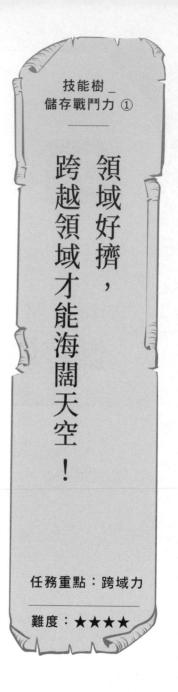

都沒做到這些嗎？

在此提出一個跌破你眼鏡的觀點，我認為《原子習慣》熱賣的一大關鍵，是書名取得夠有創意！不信，請試著查幾本與習慣有關的書，有《設計你的小習慣》、《驚人習慣力》、《天才的關鍵習慣》、《打造理想人生的習慣大全》、《最強習慣養成》等。有沒有發現，唯一會吸引你注意的，並且記住的書名就是《原子習慣》。為什麼？因為他的書名就是用了「跨越領域」的思維方式。

「習慣」這個概念，是屬於哪個領域呢？「成功學」對吧！那麼「原子」這個概念，又屬於哪個領域呢？沒錯，就是「化學」。成功學與化學原本毫無關係，但是詹姆斯・克利爾卻開了一扇創意門，把他們接在一起，用原子來代表「小」，也因此，《原子習慣》就是「小習慣」的意思。不過，如果書名叫做《小習慣》，你覺得讀者會買單嗎？可能這本書就會淹沒在書海裡了。

「跨越領域」就像是「異花授粉」，你有專業領域還不夠，要試著用其他領域的概念來包裝，讓受眾產生一種「既熟悉又陌生」的感覺，這就是創意。當然，你可能會想，這有辦法練習嗎？當然可以，跟你分享一個我很喜歡用的方法，我把他稱之為「概念裝潢」。

第一步：想一個你感興趣的「主題領域」。

比方像是學習、成長、寫作、人脈、行銷。

第二步：從這主題領域提煉出一個「核心概念」。

以學習來說，可能最重要的概念就是「輸出」；再以「成長」來看，可能著重在「精準」；而從「寫作」來談，你可能會想強調「吸睛」。

第三步：先繪製九宮格，中間放入核心概念，發想名詞。

把核心概念放在九宮格中間，在上下左右四格，分別聯想出四個相似卻來自不同領域的「名詞」。

第四步：從四個名詞再聯想動詞。

再從這四個名詞，各想一個接在他們前面的動詞，填入格子中。

概念裝潢

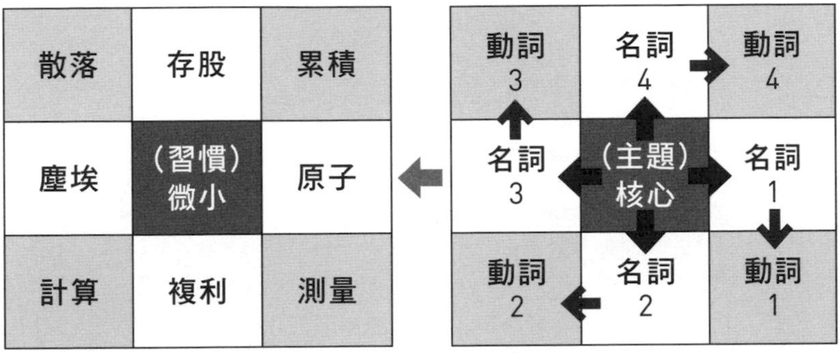

舉個實際例子，就以一開始談到的「習慣」做為主題領域，提煉出一個核心概念，假設是「微小」好了。接著，想出四個不同領域的「名詞」來表達「微小」這個概念。第一個是從化學領域的「原子」；第二個是投資領域的「存股」；第三個是數學領域的「複利」；第四個是文學領域的「塵埃」。最後一步，就是為他們各接一個動詞，於是變成：測量原子、累積存股、計算複利、散落塵埃。

你看，同樣是談「習慣」這個主題，透過「概念裝潢」這個技巧，是不是跨越了原本領域，跟其他領域借了四個新詞來用。讓本來被大家講到爛的主題，瞬間有了新的可能。這就是「跨越領域」的強大之處！現在，換你試試看，希望在不久的將來，可以在市面上，看到你別出心裁的新概念喔！

技能樹_
儲存戰鬥力 ②

以你的努力程度，根本輪不到拚天份

任務重點：
寫書評的精髓

難度：★★

最近在讀江孟芝的著作《不認輸的骨氣》。她出生在屏東，家境普通，喜歡畫畫，想走藝術，但大家跟她說別傻了，會餓死的。她沒空搭理嘴砲人，自己學畫、拚命練習，考上美術系，沉浸在藝術裡。

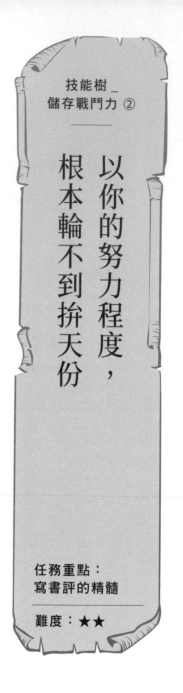

後來她想出國留學，那些婆媽又來勸退她，很奇怪，很多人自己做不到的事，就覺得別人也做不到。於是，她開始猛練英文、練口說，腦海裡全是在國外留學的畫面，最後她錄取紐約視覺藝術研究所，還申請上獎學金。

前陣子，她在師大的畢業演講爆紅！同為師大人，我查了一下，發現她竟然跟我同樣是98級。嚇死我了！人家現在是知名設計師，而遊戲「英雄聯盟」介面是她設計的。我我我……還有待努力。

重點來了，為什麼她能一口氣申請到好幾間國外大學？那是因為她憑著興趣和投入，累積大量的作品，充分展現出她對藝術的熱情。

在書中，孟芝提到「神豬美學」的概念，她認為亞洲教育像是在灌食知識，不斷上課、不停考試，比成績、拚升學、唸名校。各個高中都以能考上幾個台清交成政自豪，卻沒問學生真正喜歡的是什麼。

我在丹鳳高中任教，學生們雖然資質普通，但樸實懇切，很有可塑性。每次看他們，明明課聽了，習題也寫了，成績就是不見起色。我其實都很心疼，因為我知道，那一次次挫敗，都是在消磨他們所剩無幾的自信。但似乎教育就是這樣，不管你課程再怎麼多元有趣，最後決定你是否成功，還是成績。

不過，我從來不吃這套，因為比起「成績」，我更在乎「累積」。我不斷找各式比賽，說（ㄑㄧㄤˊ）服（ㄆㄛˋ）他們參加，理由很簡單，成績自然要拚，但必須分散風險，萬一大考砸鍋，還有一路以來累積的戰功彪炳可以撐。

有的孩子聽了依然故我，好在我滿腔熱血，向來留給識貨的。

學期中，我要他們參加由金石堂主辦的「龍顏fun書獎」，這是一個寫書評的全國比賽。要優勝其實非常不容易，因為有上千件作品角逐。但對我而言，寫書評就是最好的寫作訓練，那是吸收、內化、延伸的過程，因而要全班都參加。

這比賽更好的是，當團報投稿件數超過25件，就有圖書獎金一千元，參加比賽還給你獎金，不參加，傻了嗎？

當然，比賽不是叫他們參加就算了，還特別花時間跟孩子們分析寫書評方法。

● 書挑得好，就贏一半。

若是選大家都讀過的暢銷書，驚奇感折半，競爭對手加倍。不妨挑一本有深度一點的，直接幫你篩掉一半對手。

● 書評的重點在生命連結。

很多書評只是把書裡內容東抄一點、西抄一點，那為什麼不看博客來書籍介紹就好了？因此，書評的重點在連結，把書中內容連結到自己的生命經驗。

那陣子，整天在忙著教他們挑書寫作，趕著他們去投稿，還有幫他們上線登錄報名。全班都交了嗎？真實世界是這樣的，月考沒人敢缺考，但比賽就是有人會缺席。最後，我帶的兩個實驗班，好不容易擠出26件作品參賽，應該要更多的，但我實在氣力放盡。

原本我不抱任何期待，因為上千件作品只取60個入圍，再從中取前五名和五個佳作，得獎機率微乎其微。

直到有一天，宥嘉敲我說：「老師，我得獎了！」

他非常興奮，因為這是他第一個寫作得獎，一拿就是佳作，也就是千篇稿件中的前十名。

我這才驚覺得獎名單早已公布。急忙上網查看，看到名單的瞬間，我熱淚盈眶。入圍的60個人中，有8個是我的學生，來自丹鳳高中。我根本不在乎他們是不是最優秀的，也不在乎他們是不是最有天份的。

真實世界的遊戲規則是：**你肯參加，就贏過一半的人，你比別人用心一點，就贏過八成的人。**

多數人的努力程度，根本輪不到拚天份，就被自己的懶惰給做掉了。別說成績不重要，這句話你還不夠格說，那是給熱切參賽、勇於挑戰的人說的。

技能樹_
儲存戰鬥力 ③

做對這件事，一天48小時！

任務重點：
就做一件事

難度：★

我常說「過去」是大師的時代，仰望著大師的背影，覺得自己好渺小、好渺小……但，網路時代來臨，也帶動「素人崛起」的風潮，給了大家一個公平的舞台，能與大師對弈。

只要肯寫、肯分享、肯累積，佔據一個小山頭，都能自立為王。這就是所謂的「定位理論」。定位之父傑克．特勞特說：「無論如何都要成為第一，如果不能成為項目裡的第一，那就為自己創造一個新項目。」

簡單來說，要像《水滸傳》一〇八條好漢一樣，給自己安個江湖名號，喊出來響亮亮，什麼黑旋風李逵、豹子頭林沖、即時雨宋江。

一開始，缺的是機會，任何一個邀約，像是久旱逢甘霖。但慢慢地，你會發現，比起機會，更缺的是時間。機會下次還會有，但時間卻是一去不復返。很多讀者很好奇，我怎麼有辦法做一堆事，教書、演講、寫作、閱讀……，好像到哪裡都有我的份。

其實不是的，我並沒有做很多事，而是會把一件事效益最大化。想盡辦法讓付出去的時間，還能高頻率的反覆再刷，也就是「一魚多吃」的概念。

就以寫作出書來說好了，我想成為作家，但當時名不見經傳，誰要幫你出版？這時，很多人會把重點放在「沒有名氣」上，但不對，重點應該是在「沒文章存量」。於是，開始要求自己每天寫，寫到存量大到可以出書。

重點來了，要寫什麼？寫佔據你生活最多時間的事，那就是你的工作。對我而言，就是學校生活。

當有了這個意識，將會發現工作和寫作不是兩份時間，而是滿滿整合成同個時間系統。

為了寫作，我得讓教學工作更有趣，而順利的課程叫案例，不順利的課程成為故事。因此，出書對我而言，不像是寫論文那樣痛苦難產，而是打開我的文章池，把累積的文章整理成冊。你看，這不就把工作、寫作、出書，放在同一個時間系統了嗎？

另一件事，則是「說書」，說實在，說書的報酬率很低。不僅要讀、要消化、還要講，同個時間拿去做其他事CP值更高。

但這就是另一個概念了。因為我想累積自己的「知識存量」，「文章存量」決定是否能否出書，而「知識存量」則決定文章的內容是否有料。

就像有個汽車廣告是這麼說的：「你終究是要開歐洲車的，那為什麼不一開始就開？」閱讀也是如此，你終究是要閱讀的，為什麼不為閱讀增加誘因？

所以當1號課堂邀請我說書並錄製有聲書時，我知道會很累，但還是答應了。因為那符合我「最大效益化」的概念。

第一遍，我把書讀完，寫成五千字的錄音檔稿。剛開始真的寫到快往生，但寫久了，你會練就一個能力，迅速抓到一本書的重點，以及如何把硬知識轉成自己的段子。

第二遍，我把書做成簡報，變成能上台跟聽眾分享的讀書會。

每本書都是我的一場演講，有了第一遍五千字的琢磨後，再準備上台簡報就更快了，只差在設計哪裡需要和聽眾互動。

第三遍，我把書的架構拆掉，變成一個個碎片化知識，做什麼用？一個知識點，再加上我的觀點，就變成新的一篇文章。

把知識流量池轉而注入文章的流量池，是不是同時又在寫本書了呢？

抉擇一件事能不能做，有兩個重要的考量點：

第一，能不能「省時間」？

不需要花過多時間，就能有不錯的效益。像是你的招牌課程，不需要再多花時間準備，就能隨時上陣。

第二，能不能「效益化」？

它可能會花你額外時間，但重點是，經過打磨後，它還可以反覆利用，成為你其他事業鏈的槓桿。

如果兩者都不符合，那你就果斷拒絕吧！

記住，重點不是做很多事，而是做一件事，然後把效益玩到最大。

技能樹_
儲存戰鬥力 ④

你以為無解的局，差的只是「微調」

任務重點：
調動的能力

難度：★

跟某個公家單位合作好幾期的桌遊課，對象主要是針對青少年。最新一期剛完課，學員水準是歷來最好，成果也完全超乎我預期。

有學員做出「古都攻防戰」桌遊，以三國時代為背景，不僅圖板精緻，玩法也簡單好上手。

也有學員發想「數感當錢」，把令人生畏的四則運算，變成有趣的賺錢遊戲，是我玩過最好玩的算術桌遊。

學員水準之高、用心之甚，甚至驚動處長跑來一探究竟。

你可能會說：「歐陽老師，是你教得好啊！」我很想接下這頂高帽，但這樣做就太不要臉了！

因為同樣的教法，在前幾期，我卻教到懷疑人生。

還記得第一期開課時，我一上課就覺得不妙，因為有群屁孩顯然是來亂的，我講一句，他講十句。

開始玩桌遊時，他們把整間教室當遊樂場，追趕跑跳樣樣來，還會玩到吵架。

與其說我被請來當講師，更像是被當作保姆，一點成就感都沒有。

後來，我跟單位建議將招生對象年齡調高一點，也不要跨距太大，總算才不再上演你跑我追的情節。

但是問題又來了。

有一期來了一個大學生，上課遲到就算了，重點是態度還很差。

差到我問她：「妳是自願報名的嗎？」她竟然回答：「不是！是社長叫我來的。」所以她以此當放縱的理由，除了遲到之外、上課滑手機、發言輕浮，都是常態。

我甚至講了重話，但是她仍不改，依然故我。

也許你會說：「歐陽老師，你可以啟發他們的學習動機啊！」

是啊！在學校裡，我可以花三年點燃孩子們動機。但，這都已是自願報名的課程，怎麼還需要老師負責動機呢？

那陣子，我猶豫要不要繼續接下一期，因為我實在沒有多餘心力，去承受沒有動機的學員。

但是，看在課程策劃詩涵很有心，不斷努力想把課程辦得更好，所以讓我再試試看。

這回不從「課程」下手，因為裝睡的學員是叫不醒的，不如改從「招生」動點手腳。我請詩涵在招生宣傳裡，只調整兩個地方，結果迎來最強的一屆學員！

你們猜猜，我在招生宣傳動了什麼手腳呢？

一下子給出這麼大的難題，好像有點殘忍。不如這樣吧！先來說幾個故事，讓你們連結想像一下，說不定能立即豁然開朗。

第一個故事是這樣的。

英國稅捐稽徵官員面對一個很大的難題，就是有太多民眾不按時報稅和繳稅。

一開始，官員們會寄信給百姓，信上說明遲繳的後果，像是滯納金以及法律訴訟等。

當然，對部分民眾有效，但還是有很多人繼續選擇忽略。

後來，稅捐處與專門研究影響力的企業合作，決定換個方法。

他們在信中多加一句話：「已經有多少英國公民按時繳稅！」

就這樣簡單的一句話，竟然就多收回五億六千萬的稅金，清除率高達86％！

為什麼呢？因為這是所謂的「社會認同」原理，人的行為難免會受到身邊人們的影響，與其你告訴他會受到何種懲罰，不如告訴他其他人都乖乖繳稅了，就剩你而已。

就像學生不繳作業，有些老師會對全班說：「還有很多人沒繳作業！趕快繳！」

這樣說是沒用的，因為他們一聽到很多人沒繳，就會覺得心安理得，反正自己不是唯一的那個。

所以你該採取的說法是：「大多數同學都繳了，就剩少數幾個還沒繳，請注意！」

你看，就這麼一個說法上的微調，竟會讓成效有顯著的改變。

接著，是第二個故事。

美國行為科學家針對選民的投票意願做了個研究。他們抽樣打電話到選民家中，但是分別採用不同的做法：

第一種是「標準說法」。就是鼓勵選民去投票，並告訴他們投票是重要義務。

第二種是「自我預測」。內容與標準說法差不多，只是多加一個問題，就是問對方是否打算投票。

第三種是「投票計畫」。研究人員請選民訂立投票計畫，包含「打算幾點投票？」「會從哪裡出發？」「在那之前會做什麼？」

你猜結果如何？

被施行「投票計畫」的選民，投票率竟足足提高了４％！

也就是說，當你要求對方明確寫下目標，就能提高他的執行力。

好了，兩個故事講完了，應該也差不多該想出來了吧！

我在招生表單微調兩樣東西：

第一樣是「課程名稱」。

先前我訂的課程名稱有「桌遊文學創意營」、「成為桌遊教學王」。可後來發現，文學和教學都是屬於偏小眾的口味，學員就算來了，多半是被父母逼來的，課程內容無法與自己的利益產生連結，上課自然也就意興闌珊。

因此，這一期便把課程名稱改為：「遊戲化表達工作坊」。

對學員的利益是學習「表達」，引發他們的興趣是「遊戲化」。定位不同，自然就會吸引不同層次的學員。

第二樣是「動機承諾」。

先前在報名表只寫了活動目的，但寫這個沒什麼用，只是寫來自己心安的。還有，因為是公家機關的活動，不收報名費，只收保證金以確保學員會出席。這都是最低標準，所以對學員來說：「我只要來上幾堂課，拿回保證金就好。」

這回，我們在報名表上請學員寫下自己的「報名動機」。

千萬別小看這個動作，這個欄位可以有效過濾學員。

表面上是寫動機，實際上是請他「做承諾」。如果意願低的人，看到還要寫動機，就懶得報名了；如果意願高的人，會好好思考自己動機，根據一致性原則，來上課時自然也會比較專注。

很多時候，我們很害怕改變，一提到改變就認為，會花很多成本、時間和心力。但是，**不改變的結果是什麼？就是重複不想做的事，面對不想碰的人，最後造成無限循環。**

如果你跟我一樣，害怕巨大的改變，那麼就記住「微調」這個詞吧：微調說法、微增承諾、微減受眾。

你一樣努力，但得來的成就天差地遠。是的，我的心力更想要奉獻給識貨的人。

【給一級玩家的訊息】

不改變的結果是什麼？就是重複不想做的事，面對不想碰的人，最後造成無限循環。

技能樹_
儲存戰鬥力 ⑤

別學他造假，但要學他入戲

任務重點：
入戲的能力

難度：★★★

看到一個特有趣的故事。德國有個假畫大師沃爾夫岡，專門模仿大師作品，光是被查出的十四幅假畫，就賺了十億！

在他十四歲的時候，就畫出了人生第一幅假畫：畢卡索的《母與子》。他流浪到倫敦時，靠著賣小件的假畫為生，但神奇的是，買到的客人都覺得是真跡，沃爾夫岡發現這是一門好生意。

於是他花了好幾年研究歐洲藝術史，研究每個畫派、以及畫家的技法，從達文西、畢卡索、林布蘭，他全部都能畫，根本藝術界的百變怪。

那麼，他怎麼畫假畫呢？首先，他會跑去畫市買老畫。接著，把老畫上面的顏料刮掉。再來，根據老畫的年代，選定一個畫家，開始作畫、簽名。最後，用煙薰畫，讓它聞起來更像老畫。

他一路以假亂真，直到後來偷了個懶，才被抓包。因為他在模仿荷蘭畫家時，沒用自製顏料，而直接用了「鈦白」。科學鑑定畫作裡有鈦白，這是一九一六年才發明的顏料，可是沃爾夫岡卻宣稱這幅畫來自一九一四年。就讓假畫大師倒栽了。幾年後，沃爾夫岡出獄，記者問他：「你知道錯了嗎？」你們猜他怎麼回？

他笑一笑，說：「是的，我錯了。我不該用鈦白的。」

只能說，真夠狂啊！

我想起萬維鋼曾說過一句話：「這是一個沒有英雄，也沒有絕招的時代。」因為資訊交流太迅速了，當你的東西好，就有人會跟著學，競爭交流的結果帶來同質化。但，要怎麼出頭呢？第一，去佔領一個新興領域；第二，去模仿高手直到成真。通常，後者比較可行，也容易。

但要成為模仿高手，有個關鍵點必須跟沃爾夫岡學。畫假畫的人很多，為什麼他最猛？因為，他像演員般入戲。

他讀了每位大師的資料，去他住的地方，體驗他的生活，只為一個目的：領悟大師會為了什麼而感動。光這點，你就該向他致敬了。

學習的路上也是如此，你不能只學形式，還必須試著用強者的思維去想。

像是每當我遇到耳語時，我就會轉換成華語首席故事教練許榮哲的思考模式：「別因為多話者，耽誤我們趕路的行程。」然後，我就會豁出去拚一把！

當我備課發現內容塞太滿，我就會切換成知名講師曾培祐的思考模式：「少，但是更好。沒讓他練，回去就不會改變。」然後，我就會把講述改為練習。與其說是在模仿，不如說下載了強者的App程式，跟他們連線，來解眼前的局。

最近我觀察，發現很多強者潛力股也開始這麼做了。

像是我的朋友黃浩勳老師，就開始記錄自己的學習心得，不管是研習、讀書、教學法。漂亮！這就是做個人品牌最好的開始。

再像是我的朋友林廷恩，學完蔡巨鵬老師的九宮格後，就開始實踐於生活，開課分享。以教為學，就是強者的學習模式。

別學沃爾夫岡造假騙人，但是從學習的入戲程度上，請你立刻拜他為師，對，是立刻！

【給一級玩家的訊息】

你不能只學形式，還必須試著用強者的思維去想。

技能樹_
儲存戰鬥力 ⑥

我跟你說的，也許都是錯的

任務重點：
看破事實的能力

難度：★★★

以前，我總喜歡說：「相信我，這樣做你一定成功。」現在，我掛在嘴邊的是：「我講的，也許都是錯的。」

你有沒有發現我臉腫腫的？那麼，說個故事你就懂了。

阿蓋、大巴、小中從一樓到一百樓。人家問他們怎麼辦到的？

小中說：「我是走上來的。」大家紛紛鼓掌。

阿蓋說：「我是跑上來的！」大家哦的一聲，還給他比個讚！

大巴說：「那有什麼了不起！我是一路青蛙跳上來的！」

啊啊啊啊啊啊啊！這回，大家都給大巴跪了。

但其實，他們三個都是搭電梯上來的。

你說，怎麼可以騙人呢？

傻孩子，他們沒騙你。小中在電梯裡原地踏步、阿蓋在電梯裡踩跑步機、大巴在電梯裡猛力青蛙跳。

叮！一百樓到了！他們三個氣喘吁吁的，出現在你面前，散發著莫名的勵志感。

那些你聽到的雞湯，可能不是你以為的熬煮多時，而是他使用了小當家的轉龍壺[1]。只是他沒說，而你自己信了。

阿蓋是比爾蓋茲。你一定聽過他高中研究電腦，後來開創微軟公司的雞湯故事。但他沒告訴你的是，他有轉龍壺，就是他老媽。

蓋茲媽向IBM董事長歐普推薦自己的兒子寫的程式系統。於是，當時全世界最大的電腦公司與當時還是小窗戶的比爾蓋茲簽約，最後這扇窗戶成為微軟，之

1 轉龍壺是漫畫《中華一番》裡的傳說廚具之一。只要把食物投入，就會瞬間煮熟。而且，當廚具選定人持有時，壺身會出現「霸龍紋」！是非常犯規的神器。

後世界最大的軟體公司。

「那我也叫我媽說去！」你說。快別這樣折騰你老媽。人家蓋媽何許人也？貝爾電話董事、西雅圖廣播電台董事、第一洲際銀行董事、聯合勸募協會主席，洋洋灑灑的展現四個字「身分顯赫」啊！這下你知道為何人家一開口，事就成了吧！

那大巴呢？大巴是巴菲特。

你一定有聽過什麼二手彈珠台故事，讓你以為夜市人生是他演的。大巴也有轉龍壺，是他爸。

大巴爸是聯邦眾議員，本身還是超厲害的投資高手，厲害到什麼程度？人家當時在經濟大蕭條，他在美國發大財。

巴菲特在大學就參觀了紐約證券交易所，這可不是學生時代校外參訪的那一種，而是由高盛證券董事親自接待，跟去景點走馬看花、拍照打卡完全不同。

接著，巴菲特研究所畢業後，就順利的……進入老爸的證券公司上班了。

那小中呢？該不會姓蔣吧？就是看魚逆流而上的勵志故事？不不不，小中是我，那個老跟你說瘋狂學習、勇於追夢的狗血傢伙。

而我也有轉龍壺，別斜眼看我，我沒有富爸富媽，但爸媽勤儉持家，至少讓我衣食無虞、也無後顧之憂。

我要你不計代價去追夢，花錢上課、砸錢買書、勇於斜槓，那是因為我有教師鐵飯碗做轉龍壺。

所以我闖蕩，但有本錢失敗；而你可能孤注一擲，走錯路就前功盡棄。

看到這裡，你啐了一聲，難怪他們會成功，都是靠爸靠媽啊。如果你只得出這個結論，那更慘，因為你皈依「宿命論」。還用宿命當你的盾牌，掩蓋自己的懶惰。我們真正該看的是什麼？既看那些高手在電梯裡的修練，對啊！在電梯裡跑步、蛙跳不是修練嗎？

但也明白他們腳底下，有電梯助他上青天。可能是身家、時勢、人脈、或者連他自己都搞不清楚的X因子。

我們都以為自己是靠努力成功的，但搞不好根本不是，就只是運氣到了。

理解這一點，我們得志時便不會忘形，好為人師、到處指指點點，就像那些不討喜的親戚洗腦你父母。他們以為能活到現在，代表自己是對的，說不定只是老天賞飯吃。

同樣的，我們失意時也許會憋屈，但至少你知道人家有電梯，比你快一點很正常，我們就乖乖爬樓梯去。

我跟你說的崛起方法，可能都是錯的，那也許是我的時勢，但我卻歸因於自己的努力。所以，你可以試著用，但別全信。當然，包括這篇文章也是。

我先招自己的轉龍壺是什麼，我整天跟你說多寫就會變厲害，但我沒說的是：我泡在國文系四年、中文所四年，我偷用了轉龍壺長達八年之久。

【給一級玩家的訊息】

我們都以為自己是靠努力成功的，但搞不好根本不是，就只是運氣到了。

技能樹_
儲存戰鬥力 ⑦

你找到「長銷坡道」了嗎？

任務重點：
看穿事實的能力

難度：★★★

我的「爆文寫作」課，也許聽起來噱頭十足，有時的確會造成某些人錯誤的期待。以為只要學會這一套，就能寫出轉傳破千的爆文。所以我總會在課程最後，送給學員一句話：「寫作是日常，爆文是驚喜！」

之所以叫「爆文寫作」，用意在提醒大家兩個重點：第一是「目標」，第二是「讀者」。

有人問我說：「寫作可以寫給自己看就好嗎？」當然可以！只是如果可以，我更希望你發在網路上，因為可以得到回饋，這會讓你寫得更多、更好。以爆文為目標，你才會在乎讀者。

可是，有些人寫了幾篇，發現點閱率不如預期，就覺得自己沒爆文的命。其實，爆文本質上就像在滾雪球，得先找到很濕的雪、很長的坡道，雪球才會越滾越大。

咦？這話怎麼在哪聽過？對，是巴菲特的投資心法，只是套用在自我經營也通。比爆紅更重要的，是你有沒有一條「長銷坡道」。

萊恩・霍利得在《長銷》這本書提到，經營者的最佳策略，就是「長銷」。不求爆紅，只求細水長流。

只是爆紅太誘人了，以致於很多人都深陷其中。卻沒意識到，有人正從長銷坡道迎頭趕上。那麼，該怎麼搭建這條坡道呢？

第一，產出內容。

你必須不斷生產內容，文字、影片、圖像都好。

其實很多人都極富創意，只是都把創意留在腦中，而不在行動上。殘忍的事實是，沒有行動的創意，根本一文不值。

當然，寫作最痛苦的，就是腦中一片空白，若常發生這種狀況，那代表書看太少、也買太少。想要產出內容，就必須大量輸入。

好不容易，終於做到大量輸入後，另一個挑戰又來了，就是那些想法卻在腦中糊成一片。這是內容創作者的必經過程，也就是葉慈所說的「無為之功」，腦中各種想法盤旋環繞，而你要做的很簡單，就是提起筆，寫下第一個字，就會有第二個字，乃至於一段話、一篇文。

記住，好內容不是想出來的，而是寫下來、再修出來的。

第二，重新定位。

對了，你做什麼工作？我猜你會回答：老師、工程師、業務員⋯⋯。那你跟同行的差別在哪裡？

你要重新理解這道題，他其實問你的是：「你能給我什麼幫助？」詮釋問題的方式，會影響你看自己的角度，你必須「重新定位」。問自己以下問題：

「你能給別人什麼幫助？」

「你的文章可以為讀者帶來什麼？」

「你的產品可以讓消費者得到什麼？」

當你問自己這些問題，有個畫面就逐漸浮現出來了。那就是你的「目標客群」！這些人能真正撐起你夢想，你永遠要把他們放在心上。

第三，自我行銷。

我發現有些人對行銷很敏感，認為那是業配、打廣告、浮誇。除非你的作品不好，不然沒理由不告訴別人你的好，行銷就是告訴別人你好在哪裡。

我常跟學生說：「這不是三顧茅廬的時代，而是毛遂自薦的年代。」早已滿街諸葛亮，劉備也不知道要找哪一個，最後他找了人家說好的那一個。

人家為何會說你好？一來，你真的有料；二來，你不斷告訴大家你有料。

第四，站上平台。

平台意味著「人脈」和「關係」。雖然有人建議我，可以跳過出版社，自己出書，收益更高。

當然，從收益來講，這可能是對的。但從效益來講，這就不見得划算了。因為忽略了平台的重要性。

假如在大出版社出書，如遠流、天下文化、時報等，因為你們利益與共，對方會調動資源來幫你推銷，比起你自己叫賣，來得省時省力。

況且，你還有機會開發新粉、認識大咖、得到更多的一手情報，並串連下一個大平台。

平台，就是你的火藥庫。

先滾個「內容」雪球，再醜再小再弱都沒關係。把它從「定位」坡道輕輕放下。看著它滾啊滾啊，捲起千堆雪；別忘了，跟著它邊跑，邊「行銷」這雪球有多厲害，來到雪地，就想起你的雪球。

最後，前方眼看沒路，雪球凌空躍起，往下一看，是另一個「平台」長坡，等著雪球繼續滾動，直到長銷。

【給一級玩家的訊息】

爆文本質上就像在滾雪球，得先找到很濕的雪、很長的坡道，雪球才會越滾越大。

CHAPTER

04

技能樹 03

對內溝通，情緒掌控

了解自身情緒，

才能不被外在牽動。

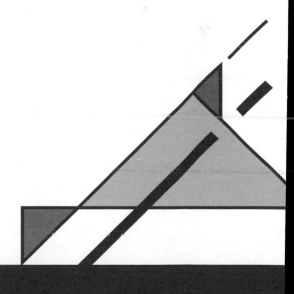

技能樹_對內溝通，情緒掌控①

整天拚你不累嗎？寫點廢文放鬆一下吧！

任務重點：廢文力

難度：★★★★

小時候你一定聽過《伊索寓言》裡「螞蟻與蚱蜢」的故事對吧？故事大意是螞蟻勤奮工作，為冬天準備糧食；蚱蜢很懶惰，在樹下唱歌，還不時嘲笑螞蟻不懂享受。結果冬天到了，蚱蜢飢寒交迫，最後還得靠螞蟻來救濟。從此以後，螞蟻化身為勤勞的象徵。

但真的是這樣嗎？日本北海道大學曾做過一個有趣的研究，團隊觀察蟻群的活動，的確大部分螞蟻都很勤奮工作，尋找食物、搬運糧食。可是他們卻發現有少部分的螞蟻，其實沒在幹嘛，就只是東張西望，甚至無所事事。我們就姑且稱他們為「懶螞蟻」好了。

研究團隊想進一步了解懶螞蟻在蟻群的作用，於是在懶螞蟻身上做標記。接著，他們試著阻斷蟻群的食物來源。這時，那些勤奮工作的螞蟻先是一愣，然後開始手足無措，本來井然有序的蟻群眼看就要分崩離析了。這時，懶螞蟻突然動起來了！他們開始帶領蟻群，轉往其他的食物來源。

這到底是怎麼一回事呢？原來，懶螞蟻平常看似沒付出勞動力，但他們其實把精力放在偵查新的食物來源，以及觀察蟻群的運作。一旦面對突如其來的狀況，懶螞蟻才能立即判斷局勢，並做出應對。

於是，「懶螞蟻效應」這個詞就出現了！是指企業中有一些人，看似在勞務上懶惰，但其實他們把精力放在觀察和思考，當企業面對挑戰，他們就會跳出來幫助企業度過難關。「懶於雜務，才能勤於動腦」是我們從懶螞蟻效應得到最大的啟發。

像是Google公司有所謂的「20%時間哲學」，這是什麼呢？他們鼓勵員工挪出工作時間的20%，去研究跟目前手邊工作無關，自己卻很感興趣的計畫。為什麼Google要這麼做？原因就在於他們深知，創意不會來自熟能生巧的工作日常，而是來自「心情放鬆」的腦力突破！

你知道「笑」能幫助我們心情放鬆嗎？可以透過看喜劇、綜藝、脫口秀讓自己開懷大笑。但，我想要你做的創意思維練習是：寫一則「有趣型發文」，分享在網路上，臉書、Instagram、部落格都可以。

你可能會說，這太難了吧！我又不是喜劇大師，哪有辦法馬上說笑。其實，幽默是有邏輯的，人的笑點也是有跡可循的。教你兩招有趣型發文的寫法。

第一招叫做「成功煙霧彈」，是指先創造成功的畫面，後面再戳破，原來一切只是假象。原本讀者以為你在講自己多了不起，後來才發現根本不過爾爾，一旦讀者的優越感被滿足，他就覺得有趣好笑。這招有三個步驟：

- 第一步：以為自己很成功。
- 第二步：其實自己會錯意。
- 第三步：滿足讀者優越感。

舉一個我曾在臉書粉專的發文：

「真的不誇張！我線上演講精彩到什麼程度？

精彩到我講到一半，就會有狂粉受不了，衝到我家樓下按電鈴，要我下去收抖內。

今天演講就收了芒果、葡萄、米餅、新書……，謝謝我的狂粉們：郵差、黑貓、新竹物流。」

其實我想講的是，線上演講講到一半，卻被迫下樓去收件的生活瑣事。但我用了「成功煙霧彈」的寫法，一開始讓讀者以為我很成功，讀到後面才知道原來只是下去收包裹，根本很平凡嘛，就會情不自禁地笑了。

第二招叫做「缺陷放大鏡」，是指拿自己的缺陷自嘲。跟「成功煙霧彈」的不同在於，你直接用缺陷來直球對決，放大缺陷的效果，超乎讀者的想像，那麼趣味感就產生了。這招三個步驟如下：

- 第一步：聚焦自己缺陷。
- 第二步：表現自知之明。
- 第三步：放大缺陷後果。

像有一次，我想發文問大家有沒有推薦的髮型設計師，但單純問很無聊，我希望把提問變有趣，後來我是這麼寫：

「中永和有沒有推薦很會理男生頭髮的髮型設計師？因為我很懶，發現頭髮長了，才隨便找一家剪，但每次理完戴上眼鏡，發現像在開驚喜包，驚嚇居多。我知道問題出在我的臉，但就是因為這樣，我才想做點後天的努力，靠髮型補強一下嘛……像上次理完，每次出門前整理頭髮，發現怎麼有點像魔戒的咕嚕，害我差點說出：my precious～」

結果這則發文引起大家熱烈迴響，不但留言說我好幽默，還提供我很多優質的髮型設計師資訊。

你有沒有發現，當你開始懂得「心情放鬆」，卸下武裝，幽自己一默，創意的靈感就會源源不絕的誕生了！來，換你用「成功煙霧彈」或「缺陷放大鏡」寫一則有趣的發文，讓我當你的忠實讀者，我保證一定哈哈大笑！

【給一級玩家的訊息】

創意不會來自熟能生巧的工作日常，而是來自「心情放鬆」的腦力突破！

技能樹_對內溝通，情緒掌控②

他們花多少錢買斷你的夢想

任務重點：亮出你的態度

難度：★

三年前的某天下午，承珅告訴我，今天是他最後一天上班，那是我看過他最快樂的神情。

承珅是書局業務，往返學校和書局間，每天跑學校發名片和送考卷。你跟他要什麼參考書，他隔天就把書放到我桌上，有時我懷疑他是FedEx員工，奉行「使命必達」的原則。每次看到他都是汗流浹背，雖然他的笑容跟陽光一樣，但汗也流的像在陽光下曝曬一樣。

他跟我說要離職的表情太過違和，所以我好奇的問他：「那你接下來要做什麼呢？」他給我一個意想不到的答案。

「老師，我要去做占卜！我已經研究塔羅牌、星座長達十年了。」

他堅定到不像在開玩笑，這是他最英姿煥發的一刻，因為有夢。沒人能買斷他的夢想。

我以為那是最後一次跟他見面。當然，書局業務這一行，來來去去，我們來不及熟悉，就先學會遺忘。

後來，他常出現在我的讀書會。我很好奇，問他怎麼會來。他說：「老師，我現在經營占卜館，覺得要學的東西還很多，你的讀書會教會我說故事、行銷、還有寫作，我當然要常來跟你學習啊！」

我信基督教的，不信占卜這套，但我信這個為夢想拚命的占卜師。

有天，承珅來找我，他說想為我訂做一個「奧剛石」。

「奧剛石？」原諒我只聽過花崗岩。

承珅很有耐心的解釋起來：

「奧剛石是一種能量石，人有脈輪和對應的色彩，我會根據老師您的需求，為您量身打造屬於您的能量石。」

接著，他拿出大大小小的奧剛石，每一個都漂亮到像從精品店出來的。

「這全都是你做的？」我很訝異。

「對啊！這都是我親手製作的，有時做一個就要花上一個禮拜的時間，因為還要仔細考量顧客的需求。像老師，您常用喉嚨，我就會在喉輪多為您添色。」

承珅真誠地解釋，跟以往他推薦參考書一樣。差別在於他講奧剛石的神情，顯然快樂許多。

後來，承珅再度來到我的讀書會，拿給我專屬的奧剛石。天哪！真的很美！我反覆在手上把玩，愛不釋手。

雖然能量對很多人而言，是無稽之談。但看著承珅，堅持自己的夢想，占卜別人的明天，那一顆顆他親手製作的奧剛石，充滿著他相信的能量。

有顆夢想的能量石，放在桌上，提醒著我：「沒有人能買斷你的夢想，除非你自己願意。」

蠻好的，蠻好的……

【給一級玩家的訊息】

沒有人能買斷你的夢想，除非你自己願意。

技能樹_對內溝通，情緒掌控③

你心裡苦，才老說別人爽

任務重點：轉換思維能力

難度：★★

前幾天，從市圖走出來，招計程車正準備回家，司機對我說的第一句話是：「怎麼這麼爽？這時間不用工作，在這裡閒晃？」我愣了一下，司機看起來是個斯文人，不像是憤世嫉俗的酸民。是寒暄的玩笑話吧！我想。

「沒有啦！我來研習的，也算是工作。」我笑笑回應。「研習很爽啊！騙吃騙喝的。」司機斯文依舊，說出來的話卻很反差。「啊，你們研習能報車馬費吧？可以自己亂報啊！」司機繼續發揮天馬行空的歪解。

還好我擅長賣慘和裝傻，就不斷用打哈哈的方式，結束這段對話。

其實，我是受邀去演講的。通常在車上我不會透露太多，除非對方話投機談得來，不然遇上酸意滿點的司機，真的會讓人無法招架啊！

大多令我印象深刻的司機，都是對工作樂在其中的，比方司機石源大哥，身兼醫院音樂志工。但，這位司機算是另類被我記住的。

我猜想他的生活可能不容易，難免看見穿戴整齊的客人，就覺得別人生活都富饒詩意。只是，他可能沒意識到：一個人過得不如意，並不是過得如意的人所害的。這還不打緊，更要緊的是：你所說的話，包含著你的思維模式。偏偏，思維是最難改變的。除非是東尼遇上薛利。

這讓我想起前陣子看的一部電影《幸福綠皮書》，劇情非常有意思。薛利是鼎鼎有名的鋼琴家，但他是個黑人。他決定前往美國南部巡迴演奏，但那裡是種族歧視最嚴重的地方。於是，薛利挑選了司機東尼，因為他有在夜店當圍事的經驗，擅長處理麻煩糾紛。

這部電影妙就妙在，兩人彼此的反差。薛利是黑人，彈古典樂、舉止高雅、財力雄厚。東尼是白人，好吃唬爛、言行粗俗、家境困頓。

原先東尼對黑人充滿歧視，他把黑人技師用過的杯子扔掉，最後迫於生活，只好當薛利的司機。但仍對薛利充滿誤解，他以為黑人都吃炸雞、唱搖滾。可是，最後改變他的卻是薛利。

薛利教會他：自重言行，別人才會敬重你；老實做人，你才看得起自己。

當然，在那個年代，即便薛利證明自己的價值，卻無法改變自己是黑人的事實。他必須遵守「黑人綠皮書」：住廉價旅社、不得與白人共餐。

他在台上，宛若貝多芬，受人景仰；一下舞台，白人猛然想起他是黑人，黑人覺得他不夠像黑人。最後，他什麼都不是。

東尼在這趟旅程，看見了薛利的堅毅，也看見了薛利的軟肋。

最後回到家，當親戚劈頭問他：「那焦炭有沒有對你怎麼樣？」東尼義正辭嚴地回他：「別這麼說他！」

思維變了，幸福還會遠嗎？

有時候，你看見別人的體面。

一流思維是問：「他怎麼做到的？」

二流思維是想：「我把自己做好！」

三流思維是諷：「他怎麼那麼爽！」

你知道嗎？沒有人不辛苦，只是有人不喊疼。

【給一級玩家的訊息】

一個人過得不如意，
並不是過得如意的人所害的。

技能樹_對內溝通，情緒掌控④

我曾對的理直氣壯，也曾錯的一塌糊塗

任務重點：承認錯誤的能力

難度：★★★

最近朋友發生一些事，讓我回想起曾發生在自己身上的兩個故事。

第一個故事是這樣的。幾年前，我開始在臉書寫作，寫作最開心也最辛苦的，就是要不斷找素材。那時有篇文章在網路上很紅，就是「果凍筆事件」。是一個國小老師，分享他的班經方式。果凍筆是昂貴的文具，一支要一兩百塊。這位老師覺得孩子用這麼貴的文具實在太奢侈，於是，在教導孩子們節儉的道理後，這位老師頒布一道規定，日後若看到有人用果凍筆，他會先行保管。

當時這篇文章一出來，引發各界討論，身邊很多人都發文聲討。

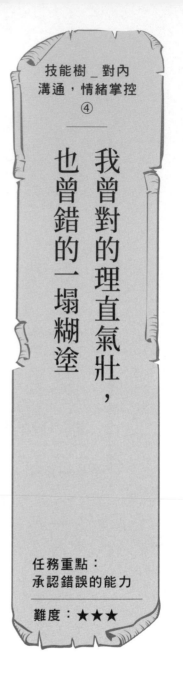

我也趕緊寫了一篇文章，叫做「你是用價格教育，還是用價值教育？」表達我對這位老師教學方法上的不認同。很多臉友給我按讚留言，誇我有智慧、有想法、有道理。說真的，當時感覺自己輕飄飄的，那是我第一次感受到寫作的回饋。

但我也看到一些留言，批評那位老師古板、專制，心裡覺得哪裡怪怪的，可一時間又說不上來。

就在幾天後的某個晚上，我收到一封私人訊息，是果凍筆事件的老師傳來的。訊息很簡單，就一句話：「希望社會除了那一天，也能記得那兩年。」後面附了一個網站連結，我點進去看，原來是這位老師的教學部落格。

他致力於戶外教學，覺得學習不該只是在教室，所以利用自己的假期時間，帶班上孩子們出外參訪，美術館、科學館、博物館，只要你能想到的地方，都有這個班級的足跡。我看著看著，心裡難過了起來，因為他是個非常用心的老師，卻在這個事件中，被許多人誤解和批評。

當然寫評論，本來就是對事不對人，我寫完評論後，一身颯爽；卻沒想到，使得當事者千瘡百孔。尤其是，他那樣用心的老師。

後來，我讀了這位老師的文章，也買了他的書，並且再發篇文章，表達我對這位老師的敬重。那件事情讓我知道，評論的確要對事，但如果能多去了解當事人，或許在批評的同時，能多份同理，少份鋒利。

因為就算你下筆時的文字是理性的，圍觀嗜血的群眾不見得是。

過了幾年，第二個故事發生了，只是這次當事人變成我。

我那時接了一場企業內訓，講授的主題，並非我專長。但我個性橫衝直撞，想說接就對了，講過也就會了。於是花了很多心力來準備，看書、上課、找資源，總算搞定這門課，最後聽眾的反應也很不錯。

回家後，豪情陡升，立刻打開電腦，喀喀喀發了篇文章。內容寫到人生就是要勇於嘗試，就算對方根本不知道我不會，也要裝作自己很會。

先假裝會，就真的會。

從個人勵志的角度來看，這篇文章的確熱血到爆表。

但我忽略了另一個角度。發文出去沒多久，據說這篇文章在企業人資圈討論的沸沸揚揚……，到底是哪個人資，怎麼會請到外行講師來講課，還讓他在網路上沾沾自喜。當天晚上，胤丞打了通電話給我，他是心智圖的企業講師，我們有一面之緣，但還稱不上熟。

但胤丞卻用溫和的語氣跟我說：「歐陽，我知道你那篇文章是想鼓勵大家勇於嘗試，突破自己的舒適圈，立意很好。只是對於公司單位而言，要是知道自己請來的講師，沒有相關經驗，難免感受不是很好。若要究責下來，負責邀約的人資將會承受很大的壓力。以後辦理公司內訓，同仁也可能不再信服。」

這下，我才知道事情的嚴重性。如果有人轉載我這篇，大肆批評，或者昭告天下，日後我怎麼走跳江湖。

「胤丞，我不知道這麼嚴重，你可以告訴我該怎麼辦嗎？」我很誠心地請教胤丞。

「歐陽，你也別著急，好好處理，沒事的。如果我是你，我可能會先把文章鎖起來，至少別讓這件事繼續蔓延。」

胤丞知道我心慌，不斷安撫我。後來，我把文章撤下，這件事情也順利落幕了。直到現在，我一直很感謝胤丞，他沒把我當時犯的錯，當成是公開批判的素材。反倒顧及我的感受，私下告訴我事情的嚴重性，以及後續的處理方式。

說到底，誰不會犯錯呢？有的！永遠沒嘗試新事物的人，絕對不會犯錯；但那是我們要的嗎？固守絕對的正確很容易，撻伐別人的錯誤也很容易。

最難的是，你願不願意跨出去，試一試別人沒想過的事，哪怕可能會失敗，或遭受批評。

最難的是，你看到別人嘗試後出錯，是毫不留情大加撻伐；還是理性建議後，也能肯定他的用心。

堅持真理是對的，但如果多些寬厚，這樣的真理更讓人敬重。

【給一級玩家的訊息】

你願不願意跨出去，試一試別人沒想過的事，哪怕可能會失敗，或遭受批評。

技能樹_對內溝通，情緒掌控⑤

先有底氣，再談善良

任務重點：深耕自己的底氣

難度：★★★

相較於孔子，其實我更喜歡墨子。只是墨子被邊緣化太慘了，我們給了儒家十二年的舞台，卻只給墨家一課的篇幅，一禮拜結案。

面對儒家的愛有等差，墨子說兼愛，愛人如親；面對法家的富國強兵，墨子說非攻，戰爭不義。

過去講到墨子，很奇怪，我們總會強調墨家之所以衰敗，是因為一來，不符合人性；二來，與上位者利益衝突。即便我們知道墨子很理想化，但他說得並沒有錯。只是我們做不到而已。

直到我反覆讀墨子的《公輸》，突然有個全新啟發。與其老說墨子太理想化，其實我們更該去思考的是：善良需要資格嗎？

會這麼說，是因為我發現，當今的善良變得好廉價。

我們都知道善良是美德，也不斷被期許成為善良的人。於是，別人拗你做事，你做了，你很善良，換來他的侵門踏戶；路邊有人在募款，你捐了，你很善良，卻不知道錢到底幫助了誰；看見孩子對未來迷茫，你陪伴了，你很善良，但自己的心裡更迷茫。

我們都成為善良的人，但你知道嗎？**沒有底氣的善良，只是自我感覺良好**。墨子善良，但撐起他善良的，是底氣。

楚國要打宋國，找公輸盤製作雲梯車，墨子得知，立刻找公輸盤理論。

墨子：「公輸盤，胖虎打我，我給你錢，你讓他消失好不好？」

公輸盤：「別鬧了！我有道義，怎麼能隨便亂殺人呢？」

墨子：「哦！你不讓胖虎消失，那怎會做雲梯車，讓宋國人消失呢？」

公輸盤：「……………」

墨子善良，而「邏輯」是他的底氣。

下一關等著墨子的是楚王。

墨子：「楚王，小郢開ＢＭＷ，卻去偷小宋二手的Toyota；全身穿阿曼尼西裝，卻去偷人家的吊嘎；天天吃王品牛排，卻還去偷吃人家泡麵的肉屑。你覺得小郢這人怎麼樣啊？」

楚王：「哈哈哈，他八成有病！」

墨子：「楚王，你全家都小郢啊！你地多人少，還犧牲人民要搶更多的地，是不是很有事？」

楚王：「……………」

墨子善良，而「故事」是他的底氣。

最後一關等著他的，是進攻王公輸盤，楚王要他們玩場戰爭桌遊。

墨子說：「你儘管進攻，我守給你看！」

公輸盤使出渾身解術，步兵、騎兵、弓箭手、雲梯車全上了，把小模型都用完了，但就是攻不破墨子的防線。

公輸盤嘿嘿冷笑說：「我知道怎麼打敗你，但我不說。」

墨子回說：「我知道你想幹啥，但我也不說。」

搞得楚王一頭霧水啊，想說你們打什麼情章。

墨子說：「公輸盤的解法，就是讓我消失。但不好意思，我已經派三百個弟子，前往宋國守城，守到讓你懷疑人生！」

最後，楚王打消攻打宋國念頭。

墨子善良，而「實力」是他的底氣。

讀到這裡，我掩卷沉思，沒有底氣的善良，可能只是傻逼。真正夠格善良的人，就像是下棋高手，看透十手後的棋局，才落下最平凡的一手。

我曾聽過Super教師曾明騰的演講，他提出一個概念，非常酷，我一輩子都忘不掉。他期待的師生關係，不是畢業後就珍重再見，而是變成「經濟生態圈」。這是什麼意思呢？就是老師成就學生夢想，學生回過頭挹注教育資源，從師生關係變成是創業夥伴。

明騰說，他告訴一個想念室內設計的孩子說：「你好好去學，以後，老師買的房子給你設計。」天哪！這個善良的成本，叫做你要先買一棟房子，但明騰底氣夠，夠格說這話。

我也想像他一樣，雖然還做不到房子說買就買。

但我跟孩子們說：「你喜歡畫畫，就要不斷畫下去，別管別人告訴你吃不飽，那是他們不懂吃飯的方式。有天，我的新書封面會是由你幫我操刀。」說這話的當下，突然覺得自己好帥。

有時我受邀演講，需要助教，我會找已經畢業的學生，特別是在學時積極主動的那種。還記得，那時訓練兩個學生當我的演講助教，他們拿到助教費的剎那，簡直不可置信。因為就他們所知，打工時薪行情是１５０左右，但手上拿到的，足足高出５倍。

我告訴他們：「這就是知識的力量，你的知識能力越無可取代，你的時間效益也就越高。我找你們當助教，就是希望你們能跟著我學，學謀生本領、學讓自己更好的本事。」

那天中午，我們一起吃吉野家，用自己剛賺來的錢。那餐的牛丼，吃起來特別美味。

為了成為善良的人，我們必須，非常、非常地努力。

技能樹_對內溝通，情緒掌控⑥

你大腦風暴那麼久，不如爆一次就會了！

任務重點：大腦激盪力

難度：★★

每年我都給自己一個新挑戰，別讓自己安逸下來。今年的新挑戰是「直播」！

其實，這應該是去年的挑戰。很多朋友向我建議可以開直播，建立跟粉絲的互動。但我遲遲沒做，官方說法是：「這樣會忙不過來！」「我想規劃完整再來做！」實際說法是：「我怕沒人看很丟臉！」「我不知道該怎麼做！」直到今年剛開始，趁著鬥志還沒賣弄完，才硬著頭皮來做直播。

記得第一次直播，是我剛參加完Wally老師的「AL加速式學習」，靈感爆表、能量豐沛，趁著一股衝動，決定回家就來做直播。

在臉書公告之後，其實心裡非常緊張，直播跟講課不一樣。你看不見聽眾，但數字卻直接看到他們的去留，而我是會在意數字的人。

有人跟我說，直播不能太像講課，不然人會跑光光；可也有人跟我說，直播不能沒重點亂聊，不然誰想看你瞎扯淡？也許都對，但也把我越搞越困惑，到底觀眾想要看什麼呢？第一次明白收視率的焦慮。

做了第一次直播後，效果意外的好，破百人在線上收看。我才發現，沒有想像中的難嘛！

於是打鐵趁熱，連開了好幾場直播。可是接下來幾次，也許是新鮮感過了，收視反而不如預期。這到底是怎麼一回事呢？

我開始思考，要怎麼樣才能留住觀眾。但想破頭，也沒找到什麼答案。我決定回到觀眾的角度，去觀察別人怎麼做直播。我發現，有人善於跟聽眾互動：「哈囉！你們好！哇！有三百多人在線上啊！」有人擅長做宣傳活動：「趕快分享我們的直播，就有機會抽中這本好書喔！」有人精於提問留住觀眾：「各位朋友，你們最近看過什麼電影嗎？趕快留言告訴我好嗎？」

我才知道，直播不同於演講，是一種互動式的語言。

後來，我把互動、抽獎、提問融入到直播中，果然，收看人數上升了。但是，還是沒能解決「續看」的問題，於是決定繼續研究高手的直播。這次注意到的是親子專家王宏哲的直播，每次一播出都三千多人收看，彷彿是在小巨蛋開講啊。

我一連看了好幾集，邊看邊研究。發現有兩個重要的關鍵，是我以前沒注意到的事：

第一，直播看板。

王宏哲會把直播內容做成一張看板，讓觀眾一目瞭然，但重點是，他會把還未講到的重點，先用封條貼起來，留下懸念。隨著節目進行，再一個一個撕下來。這其實是常見於綜藝節目的呈現方式啊。

我突然明白，直播就是把電視節目搬到網路上呈現。

第二，道具輔助。

直播是這樣子的，你講得再好，觀眾沒點開，也無法知道你講得好。因此，你必須準備一些小道具在節目上穿插呈現，用視覺效果來抓住觀眾注意力。

王宏哲在示範跟孩子互動時，常常會拿出米妮娃娃，對她說話或表演。比起單純用講的，這種互動感更能吸引觀眾的目光。

之前出版社辦直播邀請我訪談神老師時，我就現學現賣，把老師的書讀了兩遍，抓出五個訪談軸心，做成直播看板。果然，當天直播效果非常好（當然，也是拜神老師粉絲夠給力）。

緊接著，另一個有趣的case來了。另一間出版社邀請我上直播，訪談進成和琇芬老師，他們剛出了一本新書，叫做《學思達與師生對話》。我讀完後，就一個感想，只要是身為老師，都一定要人手一本。這本書既談「學思達教學」，也談「遊戲化教學」、「提問設計」和「薩提爾對話」，根本是教學界的武林寶典。

不過，我也在想，要怎麼把兩位來賓教學豐富的一面，在直播上呈現出來呢？因為在直播上，光用說的是不夠的，觀眾注意力沒辦法維持太久。

於是，除了「直播看板」外，我決定嘗試「道具輔助」。

跟進成老師聊到「交易遊戲」時，我準備好撲克牌，在直播上就直接玩給觀眾看。接著，跟琇芬老師聊到「高手過招」遊戲，由於這遊戲需要題目來做搶答，我臨機一動，帶上桌遊《走過台灣》，配合當天是228紀念日，剛好藉此利用問答來回顧台灣的歷史。

結果你知道嗎？一般直播都是開始觀眾最多，接著人數就急速下滑。可是，這場直播的觀眾不斷增加，直到快結束時，還有新觀眾持續湧入。

當然，一方面是學思達社群的夥伴給力。二方面，應該是習慣給自己正增強，也許是嘗試了改變直播手法，讓觀眾感受到我的用心了吧！

我突然明白，很多事情在腦海裡反覆推敲、瞻前顧後，就是遲遲不肯行動。表面上給自己一個理性的分析：「做這件事不划算！」「這實在太難了，還不如做別的。」「這件事不能貿然行動，得從長計議。」

但實際上，我們很可能只是輸給自己情感上的軟弱：我怕！我不敢！失敗怎麼辦？

像是直播這件事，我晚了一年才開始，大腦風暴這麼久，還不如倉促上陣。反正，爆掉一次，不就開始學會了嗎？

人生啊！第一次做最難，第二次做還是很難，但之後臉皮厚了，也就會了。

【給一級玩家的訊息】

我們很可能只是輸給自己情感上的軟弱：我怕！我不敢！失敗怎麼辦？

技能樹_對內溝通，情緒掌控⑦

天使與魔鬼何時有了形狀

任務重點：懂得判斷的能力

難度：★★★

比時代雜誌封面更搶鏡的，絕對是Google首頁！

有一天登入Google首頁，看見一個陌生人像。好奇心驅使，點進去一看，才知道這個人是杉原千畝，人稱「日本版的辛德勒」。他從事外交工作，於一九三九年被派至立陶宛擔任代理領事。

當時正值二戰期間，德國納粹迫害猶太人，而日本為了拉攏跟德國的關係。竟然做了一個決定：「拒絕發放簽證給猶太人。」沒有人敢抗命，畢竟，誰會拿自己前途開玩笑？

但杉原千畝得知納粹的慘無人道，以及猶太人在集中營的慘狀。他再也忍不住了，他抗命，不顧上頭指令，開始大量發放過境簽證，讓猶太人能過境日本，逃到其他地方。

那麼，他究竟發出多少簽證呢？總共發了2150張簽證，救了超過6000多名猶太人！

然而，抗命需要勇氣，善良需要代價。戰後，杉原千畝因為抗命遭到免職，甚至被抹黑說跟猶太人有利益往來。黑暗一直籠罩著他，直到一九六八年透進一線曙光，以色列政府找到了杉原千畝，安排他與當時受幫助的猶太人見面。

他從抗命罪人，翻身成為「國際義人」，連Google都記得他！

然而，有另一個人，他越權專擅，結果挑起戰爭，讓世界陷入動亂。這個人是迪克錢尼，被稱為史上最有權力的副總統。導演亞當麥凱甚至拍了一部電影叫《為副不仁》，講的就是錢尼的故事。

有個段子說，人類發明最無用的東西，就是副總統。但錢尼擅長從無用看見機會。當小布希邀請他擔任副總統時，他與小布希達成一個默契，就是軍權、財務權，錢尼有權過問。

錢尼是出色的遊戲玩家。首先，他精於佈局，將親信安插到各部會，任何風吹草動，他比總統更早得知消息。其次，他勤於識局，找來法律專家解釋「單一行政權」，找來行銷專家研究人們會信的說法。只要遺產稅改叫死亡稅、地球暖化改成氣候變遷、伊拉克戰爭定調反恐戰爭，人民就會像朝三暮四的猴兒一樣溫馴。

最後，他敢於破局，即使是坐在副駕駛座，手上卻握著方向盤，暗自決定美國的走向，不，是世界混亂的方向。

他從911攻擊嗅到了機會，越權下令導出伊拉克戰爭。結果，沒發現毀滅性武器，倒發現國際油價上漲了，而他曾是石油公司董事。

在《為副不仁》飾演錢尼的克里斯丁貝爾竟脫口而出：「感謝撒旦給我靈感詮釋這個角色。」

經典的紐倫堡審判，指出良知才是最高的行為準則。上頭要你對人開槍，你有開槍的義務，但卻有射不準的權力。

杉原千畝選擇把槍口抬高一釐米，而錢尼選擇把槍換成飛彈和軍隊。天使與魔鬼，從此有了形狀。

【給一級玩家的訊息】

上頭要你對人開槍，
你有開槍的義務，
但卻有射不準的權力。

CHAPTER

05

技能樹 04

找對老師，平步青雲

站在巨人的肩上看風景，

果真不一樣。

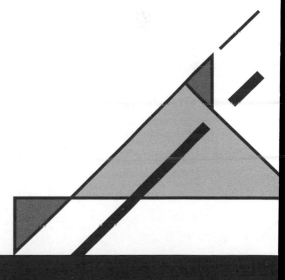

技能樹_找對老師，平步青雲①

瘋狂有兩種：四點睡，或四點起床！

任務重點：有一點瘋狂是好的

難度：★

我很喜歡做直播訪談，一來，可以認識高手，二來，可以問到高手是如何下出「那傑出的一手」。

那天，我訪談神老師，她就像是教育界的網紅。不誇張，每篇文章按讚數破五千以上不說，舉凡直播也是從三百人起跳觀看。

神老師是個國小老師，但她非常、非常特別。龔自珍有句詩我特別喜歡：「亦俠亦狂亦溫文。」讀完神老師的書，再與她本人聊過後，赫然發現，這句話根本就是為她而寫啊！

她在臉書上看見無助單親媽媽要搬家，二話不說，找了認識的搬家公司，付完錢後，還再包個紅包給這位單親媽媽。這位媽媽淚流滿面，原本婚姻受挫的她，覺得世界很冷，但因為神老師，她發現人間其實值得。

神老師仗義執劍，堅定的說：「別畏懼行善！」

這是俠。

當我直播聊到職場話題，神老師乾脆的說：「我沒朋友啊！」我以為是玩笑話，還在一旁配罐頭笑聲。但，後來發現她是說認真的。其實，並非神老師沒朋友，而是在職場，要交到真心的朋友，不容易。

神老師很拚也很衝，為孩子做很多事、也常到處演講分享融合教育。難免引起某些人的惹眼，要知道，當人過於突出，對他人就是一種壓力。明明是自己不長進，卻又見不得別人長進，是人性，也是悲哀。

但，神老師堅定做自己，不在乎那些耳語與妒火。

這是狂。

身為老師的孩子，常被人帶入刻板印象，就是課業要好，不然，父母是怎麼當老師的。神老師的三個孩子，兩個兒子曾讀體育班，一個女兒是學習遲緩。兒子因為傷痛，竟被教練帶頭嘲諷，導致被同學欺負。女兒因為學習遲緩，還曾有校長拿這事開玩笑，說因為媽媽沒做好事才這樣。

無心或有意的不友善，更堅定神老師對孩子無盡的愛，她陪著三個孩子度過難關，也從未因他們課業不好而覺得蒙羞。她把陪伴的悲歡過程，寫成動人的文章。

這是溫文。

我一直很好奇，沈老師怎麼有辦法每天早上七點準時發文。這對一般人而言根本不可能。

「沈老師，你是前一晚先把文章寫好，再設定臉書粉專排程發文嗎？」我會這麼問，是因為自己經營社群一陣子了，若要固定七點發文，便學會了排程功能。

「不是耶！我是每天四點起來寫文章，寫到六點多，趕上七點發文的。」

「！！！！！！！」

你很難想像我當時的震撼。

我天天在臉書發文，多半是放學坐捷運時寫的，有時沒fu，就回家看些書再寫。但，我做不到四點起床寫文，早起，是我唯一無法克服的事。但神老師做到了，而且一做，就是四年。

這下我終於明白，為何她一發文，就這麼多追隨者按讚分享，因為她的堅持，讓讀者看見了光。

直播結束後，我回到家，準備隔天的爆文寫作課。其實，這是第二次開課，內容大可跟第一次一樣。但我不想只要求學員成長，自己卻毫無進步。所以我決定，在每梯次的爆文課，都要放進一些我研發的新絕招。

老婆睡前跟我說：「爆文課你上次教過，應該不會像上次弄到三點吧！」

我回她：「應該不會吧！」

說完，我就繼續忙了。

因為我想教學員「寫作人設」，便融合了桌遊《換言一新》，規則需調整、運課需設計，這一趴弄完，兩點鐘。

再融入AL加速式學習，讓學員不只聽課，還能共創，於是開始設計每個環節，確保課程動靜皆宜，但時針無情的指向三點。

還想讓學員除了簡報外，整個教室牆面都是他們的學習站，便開始準備引導布、色筆、噴膠……，然後發現圖形紙不夠，就拿起剪刀，接著喀擦喀擦的剪紙，有對話框形、書本形、看板形。剪完紙，我伸了個懶腰，抬頭看看時間：凌晨四點。

凌晨四點的天色，比我想的還暗、還靜，靜到我可以聽見自己心跳的聲音。算算時間，該是神老師起床寫文的時候了，那好，我終於可以交棒了。

隔天課程，我全靠腎上腺素在撐，完全不累，講得學員即便戴著口罩，我都能看見他們笑瞇的眼。

課程結束後，看著他們在臉書的課程心得，感動到不能自己。不是因為他們把爆文課捧上天，而是我比對他們過往的發文，我發現，這是他們寫得最發光、發熱的一篇。

你們明明都做得到！是誰？讓你們以為自己不會寫作的。

那一刻，我也突然明白，瘋狂，才有機會造就卓越。

我是瘋狂的人，為了突如其來的教學靈感，可以拚到四點才睡。你說，這樣身體會壞掉，不可以。那好，可以學學另一種瘋狂，像神老師一樣四點起床寫文。（喂！你別逃走啊!!）有沒有發現，四點睡，還比四點起床容易多了。

人生如果不為夢想，瘋狂一次、堅持幾回，老了我們一定會埋怨。埋怨那個年輕時，卻只圖平庸的自己。

技能樹_找對老師，平步青雲②

怎麼跟高手玩在一起？

——打造人脈引擎

任務重點：勇於結識

難度：★★★

在新書發表會那天，一開場帶了個暖場活動，我請讀者找三個人聊天，聊什麼呢？就聊——「你們是怎麼認識我的。」

這下精彩啦！有人因此認識我的老師、有人找到失散多年的朋友、有人還因此結識更多高手！但，為什麼我要這樣做呢？

因為想要個體崛起，就必須安裝人脈引擎。而且，高手都是玩在一起的！最好的方式就是，想盡辦法玩進高手的圈子，然後認識更多高手。

活動結束後，我把這道理分享給讀者後，稍晚就收到了讀者的來訊：

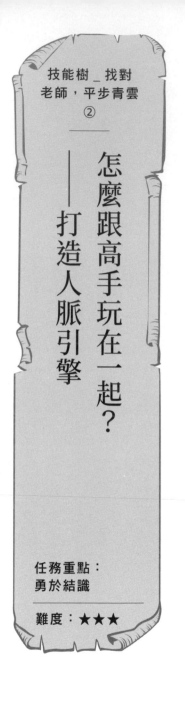

「歐陽老師，要怎麼做才可以跟高手玩在一起？」

原來，他試著去跟高手湊話，卻發現打不進高手們的話題。

於是，我給了他三個錦囊，你可以先收著，用到賺到。

第一招：讓高手知道你做過功課。

有個數字你先記著：150。這數字是做什麼用的？這叫做「鄧巴數」，根據研究指出，一個人所能維持人脈的數字，最多大約是150人。

你反駁說：臉書不是好友上限5000？那我再反問，真正跟你有互動的人有多少？

千萬別被數字騙了，不是加好友就等於人脈啊！

高手深知這個道理，所以這150個扣打，他們一定精打細算、仔細琢磨。若你想擠進去他們的交友圈，你得先讓高手有記憶點，那就是先做功課。

對方擅長什麼領域？你又讀過他什麼著作？他對你有什麼啟發？

最好的實戰方式，就是加高手的臉書，別按完好友邀請就算了，逼自己私訊一段話給他，內容包括——

- 你是誰？
- 怎麼認識對方的？
- 接觸過他什麼著作或課程？
- 他給你的啟發是什麼？
- 真誠希望能加好友

在此舉個實例，就可理解了。我很喜歡一位知名作家的文字，而且持續追蹤這位作家，後來決定鼓起勇氣，想跟對方成為臉友。

當時我怎麼做？按下交友邀請後，留了這麼一段話給他：「某某老師您好，我是歐陽立中，和我太太嘉芸都是您的讀者。我特別喜歡您的哪些著作……。我和嘉芸都在高中任教國文老師，受您作品的啟發甚多。由於您加友已達上限，不知能否加您為臉書好友，希望能定期跟著您的文字思考與飛揚，謝謝您。」

我還記得，送出這段留言時，心裡噗通噗通的跳，緊張個半死。當年的我，平凡的要命，想要加好友的對象都是大咖，自己何以高攀？

後來如何呢？隔了不久，作家老師回訊了：「立中您好，非常感謝。只是因為一些個人因素，沒有開放追蹤。而我的交友數已經滿了，可能要等到有人移除好友，或者是停用帳號，才能再加入。真是非常抱歉。但，真的很感謝你們願意閱讀，每當寫得很累的時候，收到這樣的來信就特別感到溫暖。」

你發現了嗎？我們把高手想的漫步在雲端，但其實，真正的高手溫暖在人間。雖然老師沒加我，但他給了我一個溫暖的回應，更重要的是，我在他腦中，總算有了1KB的存在感。

過了一個月，有天，我登入臉書，發現老師加我好友了。我又驚又喜，原來，他一直默默記得……

你得先做功課，有備而來，才夠格排隊進入對方的鄧巴數。

技能樹_找對老師，平步青雲③

如何跟高手玩在一起？——有門檻的投資

任務重點：課金花在刀口上

難度：★★

朋友知道我是作家後，便跑來問我說：「歐陽老師，要怎樣才能出書啊？是不是要去比文學獎？還是投出版企劃呢？」他問的熱切，但我回的心虛。因為我沒參加過文學獎、也沒投過出版企劃，而是走後門，全靠高手拉一把上去的。

很猶豫要不要說出來，因為這招真的是我的底牌，好吧……，Ace你拿去吧！

我人生的第一本書是《桌遊課》，是知名作家許榮哲找我合寫的。為什麼他會找上我呢？

不，更正確的說，是我努力讓他找上我的。

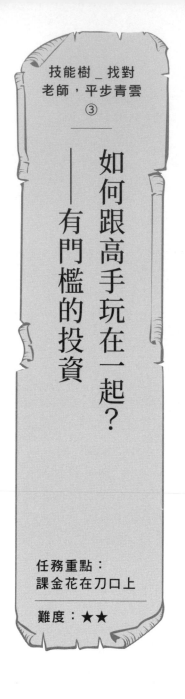

我很常去聽演講或是報名付費課程，然後想盡辦法讓講師記住我。第一次聽榮哲講小說時，他談小說折磨讀者的秘密，我聽得津津有味、欲罷不能。

演講後，他問聽眾有沒有問題。通常，大家在醞釀回家心情，根本不太會有人問。但我舉了手，站起來說道：「老師好，我是歐陽，您今天的演講非常精彩，讓我收穫滿滿。這裡有個問題想請教您……」

你看，當大家都沒發言，只有我回饋講師，人家是不是會感到窩心？是不是就會記住你了？

當然……，不會！

你自己都不見得記得講者名字了，更何況是講者。

所以，必須搭配其他輔助技：課上熱情參與、課後認真寫文。當我真正被榮哲記住，是去參加他的桌遊工作坊，當時，他要我們隔天就做出桌遊。那晚，我小房間的燈，孤單的亮了一夜。硬是把桌遊做出來，硬是成為小組代表，然後被票選為最厲害的桌遊。

最厲害的桌遊能幹嘛？不能幹嘛，只能自嗨。但重要的是，你讓高手心中從此有了你的位置。

後來，榮哲正要籌畫寫桌遊書，他邀了一群夥伴，聊到這件事，最後沒討論出什麼結果，大概就談到結合童話和桌遊來寫。

回家後，我做了可能是人生最正確的一個決定。

我先到書店把童話相關的書全買了，安徒生童話、格林童話……，而且把它們全部K完，接著查遍可以結合的桌遊機制，如競標、擲骰、板塊拼放、風險管理、行動點分配……。

接著，開始發想這本桌遊書的架構，前後花了兩個禮拜，終於擬出了桌遊書的構想。

我興奮地把檔案傳給了榮哲，然後換來了……一個禮拜的已讀不回。不過我也沒多想，因為就單純想幫忙，至於能否被採納就要看老天了。

就在某天早上，榮哲傳訊息問我，禮拜二上午有沒有空？我說有，順道問榮哲要做什麼呢？

他說：「因為出版社找我去公司談出書，但這本書，我想找你一起寫，你願意嗎？」

願意！當然願意！說什麼我都願意！

我握緊拳頭，內心如此激動的吶喊著，夢想把我眼睛薰得淚光閃閃。

接下來的故事你就知道了，我的第一本書《桌遊課》出版了，看到自己名字在書上仍覺得很夢幻，直到辦了第一場新書發表會、簽完第一本讀者的書時，我才慢慢相信，這是真的。

如果當時沒有榮哲拉我一把，我絕對不可能躍進的這麼快。

那麼，重點來了，到底要如何跟高手玩在一起呢？

要分享給你的**第二招：做到超乎高手的期待**。

首先，多報名演講和課程。

免費演講和付費課程都行，但我個人傾向付費課程多一點。原因很簡單，費用這個門檻在某種程度上，讓你學到的技能更有稀缺性。越稀缺，越有價值。

另外，費用也能幫你篩選同儕，願意付費學習的人，通常不甘平凡，他們就算現在不是高手，也會是未來的高手。能身處高手同溫層，何樂不為？

再來，用全力連結講師。

很多人以為上課是為了學技能，所以默默學完，默默離開，這太可惜了！真正有企圖心的人，重點都會放在跟講師連結，想辦法烙印在講師的腦海裡。

方法很簡單，就這幾招：**用心聽講、盡情參與、積極提問、心得回饋。**

你比別人多用一份心，高手心中都會有底的。

最後，做高手溫暖的後盾。

很多人覺得大咖高高在上，自己小咖，人家根本看不上眼。其實你錯了，我認識很多高手都很好相處，他們有自信卻不自傲。他們也會有需要幫忙的時候，所以，你要保持洞察，並且真誠幫忙。

就像那時，我知道榮哲苦惱寫書方向，所以就決定試著幫他搞定，雖然寫出來的內容不見得好，但最起碼讓他看見我的真誠。

你也許可以說我幸運，甚至帶有一絲僥倖。但我必須用茨威格的話來堵你一回：**「所有命運贈送的禮物，其實都在暗中標好了價格。」**

記住，那些跟高手玩在一起的平凡人，他們是用努力的貨幣，兌換一張張幸運的彩券。只是，你可能只看到他們中獎的幸運罷了。

技能樹_找對老師，平步青雲④

如何跟高手玩在一起？——找到你的小山頭

任務重點：找出能等價交換的特質

難度：★★★

徐小平是對岸知名的投資人，只要得他點撥，身價翻倍。多少人發信給他，卻都石沉大海。直到有個北大生發了這麼一封信：

「徐老師，我是個北大的學生，但現在在淘寶開店，目前銷售額已經有三千萬元了，可是我非常不快樂。聽說您是青年的心靈導師，而我是一個陷入心靈困惑的青年，您有時間可以開導我一下嗎？」

這封信成功引起徐小平的注意，最後還成功得到一筆投資。當年的北大生，就是後來蜜芽寶貝的創始人——劉楠。

從寫作的角度來談，這段文字就有三次轉折，很難不讓人注意。但，從個體崛

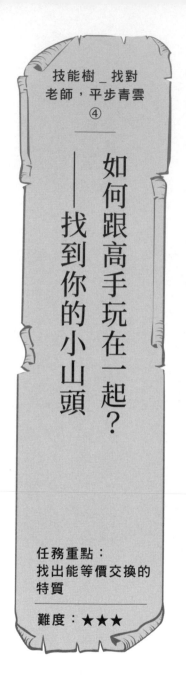

起的角度來看，你覺得這段文字真正抓住徐小平注意力的是什麼？

別跟我說是「不快樂」，因為徐小平並不是心理諮商師，就算是也沒義務開導你啊！

這段文字真正的關鍵是：「銷售額三千萬」。

這代表什麼呢？代表這北大生厲害啊，她已經是一座小山頭了。

說穿了，人脈是一種「價值交換」。如果你連小山頭都上不去，憑什麼嚷著要高手帶你去征服珠穆朗瑪峰。

你對這種人一定不陌生。一到公開場合，就開始把名片當傳單發，你不拿還不行，可是拿了，又不知道何時用得上；接著，你們搭了幾句話，他開口閉口就是：「我跟哪個大咖很熟，你看，這是我們的合照。」「那個大腕我認識，要不要幫你介紹一下啊！」每一張跟高手的合照，他都如數家珍，像個小女孩搜集美少女戰士貼紙那樣寶貝。

結果，下次你遇到大咖，聊起這個人，人家滿臉問號：「Who?」

這就是自以為跟高手玩在一起，但人家根本沒把你放心上。

因此，要跟高手玩在一起的第三招：找到你的小山頭。

很多人誤解了人脈的意義，以為人脈是通往成功的途徑。錯！錯！錯！真正的人脈是你成功以後的結果。沒有要你把頭銜拿出來嚇死人，而是要告訴大家，你踩的這座小山頭是叫得出名字的，而且還能讓人「哦」一下的。

問題來了，該怎麼找到你的小山頭呢？

就拿古典的著作《躍遷》來說，它傳遞一個很重要的概念，叫做「頭部矩陣」。

先畫一個2X2方格，分為「高價值、低價值」「高優勢、低優勢」，那麼就會得到四個區塊。

1. 頭部：高價值、高優勢。
2. 肥尾：高價值、低優勢。
3. 沙漠：低價值、低優勢。
4. 小山頭：低價值、高優勢。

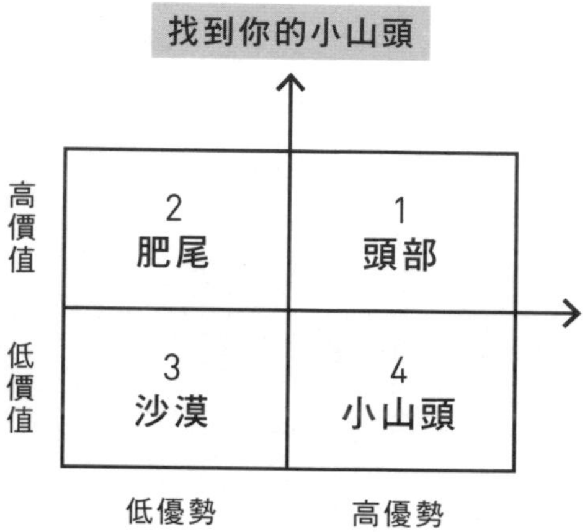

做為個體崛起的起手式，我會推薦先攻小山頭。頭部人太多、肥尾你又太弱，而小山頭是很好的策略，外加人煙稀少、空氣清新。

建議找個「偏門領域」去發展，現在看起來價值不高，但卻持續有需求，而你也具備強大優勢。

就以我為例吧。為什麼我一開始選擇桌遊進入賽道？很簡單，一來，我自己就很愛玩桌遊，固定跟桌遊團，家裡桌遊一不小心就有幾百盒……，而這就是所謂的高優勢。

二來，當時桌遊在學校還不興盛，沒什麼人在玩，更別談什麼融入教學。這就是低價值。

以教育圈來說，「頭部」可能是閱讀和寫作，但早就有很多厲害的前輩了，我難以望其項背。可是，在桌遊的小山頭，可能就換我是前輩了，這時，個體優勢就被放大了。

當我有了「桌遊應用」小山頭，是不是就更容易連結其他的小山頭，甚至是百岳群峰呢？所以那一陣子，只要我去聽高手的課，隨身都會帶著一本《桌遊課》，送給我欽佩的高手們。

像是競爭lead的李柏賢老師、編劇專家東默農老師、講師教練孫治華老師……，他們都為我指點前路，甚至幫我開了一條更大的路。

記住，人脈也是有門當戶對的。你不夠強，那些人脈就是煙火易冷；你夠強，高手就會為你灌注暖暖內力。

【給一級玩家的訊息】

人脈也是有門當戶對的。

技能樹_找對老師，平步青雲⑤

別等貴人，去做貴人的貴人

任務重點：資源分享的氣度

難度：★★

某天，我在「閱讀獲利讀書會」導讀《故事課》，報名人數爆棚，連桌子都塞不進去。明明是讀書會，但我堅持要讓參與的夥伴帶著用得到的知識回家。所以講完靶心人公式[2]後，就讓大家用靶心人公式，說一個自己的故事，想不到逼出很多好故事。

Grace從小就被媽媽說，她的天命就是找不到好對象，因此不要她結婚。Grace不信天命，相信愛情，卻也跌跌撞撞，一度也懷疑是不是自己錯了。但最後，她找到了真愛。開心告訴我們，她準備要到美國結婚了。

承坤對塔羅牌情有獨鍾，但身邊的人總告訴他，吃得飽比較重要。所以他去當書局業務，每天扛著書，汗流浹背，雖然能溫飽了，卻感覺不到快樂。後來，他決定辭職，專心做塔羅牌占卜師。所有人認為他瘋了，但他知道，不為夢想瘋一次，人生說什麼都會有遺憾。

Allen著迷於象棋，還考了專業裁判執照。有次，他發現有本象棋經典著作，裡頭對於規則的詮釋錯了。他先是跟資深前輩反應，沒想到被人家的話噴了滿臉，說你前輩還我前輩啊！但他不放棄，決定飛到香港找那本書的作者，跟他解釋清楚。最後，他是對的。只是，為了證明所說是對的，你願意付出多少代價呢？

剛好這天中秋節將至，我送了柚子給願意鼓起勇氣上台的夥伴。

接著，就是中場休息時間，突然，門口出現一個熟悉的身影。竟然是《故事課》的作者——許！榮！哲！

我欣喜若狂啊，說了這麼久的書，第一次說到作者現身，就跟阿拉丁神燈一樣神奇。所有聽眾也驚呆了，想說現在是演哪一齣啊！

榮哲一現身，立刻加碼三個故事，關於《故事課》，關於他和我。

---

2 「靶心」就是目標的意思，以圍著這個目標設置障礙、反轉，製造出各種跌宕起伏的情節。包括七個步驟，分別是：目標、阻礙、努力、結果、意外、轉彎、結局。

榮哲說，之所以《故事課》會大賣，是站在三本經典的肩膀上，分別是《創意黏力學》、《影響力》、《故事要瘋傳成交，就用這五招》，而這三本書竟然都跟我有關。

《創意黏力學》當時被黃執中在邏輯思維講紅了，榮哲想找來看，但書已絕版。剛好那時我也在找這本書，是在臺大圖書館找到的。於是，乾脆把整本印下來，花了整個下午。想到榮哲需要，就順手多印了一份給榮哲。

之後，榮哲要在喜馬拉雅ＦＭ錄製故事課，陷入一陣焦慮，剛好那時火星爺爺出了《故事要瘋傳成交，就用這五招》，我就順手多買了一本給榮哲。

榮哲從六年級最會說故事的人，一躍成為華人首席故事教練，對岸大公司找他去講課。

我們都是那種「先答應，後焦慮型」的人。

那時，跟榮哲約在金石堂喝下午茶，聽到他要去對岸講課，我也跟著興奮起來，像是我要一起去一樣。隨即就跑去金石堂裡，挑了一本書給榮哲，這本書叫《影響力》。我告訴榮哲，這本書是說故事的神兵利器，帶上它勇闖對岸吧！

榮哲在我的讀書會現身，就為了說這三個故事，感謝我當年的幫忙，我感動到不可自己。其實，當年我也沒想那麼多，只是自己喜歡閱讀，剛好知道榮哲有需求，就順手幫了忙，我都忘的差不多了，沒想到榮哲卻一直記在心上。

一直以來，我都說榮哲是我的貴人，我的第一本書是他帶我寫的；我的第一場演講，是榮哲給我機會的；我第一次不顧別人眼光，是榮哲給我勇氣的。

我們像是太空梭，而貴人是我們的火箭，讓我們升空，飛向宇宙。可後來，我發現，與其等待貴人，倒不如做貴人的貴人。

樂於分享好資源給對方，當然，要知道好資源在哪，就必須不斷閱讀、充實自己，才有機會在貴人的生態系中，佔有一席之地。

貴人不是哈雷彗星，別用等的，主動出擊吧！

CHAPTER

06

獎勵

快速通關小紙條

就當作這些小訣竅
成為闖關的獎勵。

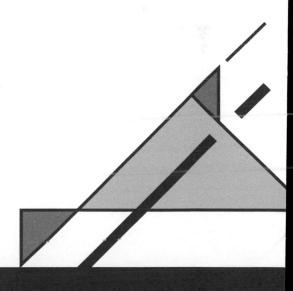

獎勵
快速通關小紙條
①

你的「第二曲線」畫好了嗎？

任務重點：
續航力

難度：★★

我能明顯感受到了，就是今天。整個地球都充滿下定決心的正能量。

「今年，我一定要寫本書出來！」

「說好每天運動，今年兌現！」

「老說要學點新東西，就是現在！」

我特別喜歡這種新氣象新標語，只是不知道什麼時候變天。幸好，網路上有很多高手，他們會來談談「目標管理」，確保你的決心不是跨年煙火秀——放完就沒了。

不過，這一篇我想要聊聊的是另一個概念，叫做「第二曲線」！

為什麼會想談這個呢？因為這是我人生最重要的策略之一。很多人看到我這幾年的飆速成長，從桌遊、故事、到爆文。他們最常見的反應就是：「歐陽，你一天48小時嗎？不然怎麼能同時做這麼多事啊！」關鍵就在於，我持續貫徹「第二曲線」策略。

先說說什麼是「第二曲線」。這個概念是由管理大師韓第提出，他發現現今企業壽命，從過去平均40年縮短到14年。為了因應這個困境，他去研究那些發展悠遠的企業，發現到一件有趣的事：這些企業領導者懂得在企業「主力產品」還沒爬到最高點時，就開始發展「第二條成長曲線」。如果要等主力商品走下坡，才開始想辦法，就必須花更多成本以及風險。

這概念雖然是用在「企業管理」，但別忘了，你就是「人生有限公司」的執行長啊！

該怎麼做呢？先試想你想做的事，先畫一條倒S型曲線，分成4個階段，分別是：學習、專精、傳授、衰退。

學習，就是自我投資，花錢買書、上課；花時間不斷練習，確保你喜歡的事，能強過50%的人。

專精，就是你能掌握這件事的關鍵，一針見血。這時的你在這件事上，能強過80％的人。

傳授，指的是你能把知識簡化、方法步驟化，讓初學者一聽就懂、一練上手。

衰退，指是市場過熱，對手一窩蜂衝進來，導致供給大於需求。

S曲線的巔峰會是在「傳授」階段，接著就會慢慢往下走……。接下來的做法，將十分重要，這可能是改變你一生的關鍵。在此，分享我是怎麼做的：

第一曲線：桌遊。

1. 學習：買桌遊、玩桌遊、用桌遊。
2. 專精：寫《桌遊課》、課堂應用。
3. 傳授：桌遊演講、工作坊。

第二曲線進場：故事。

(1) 學習：看大量與故事有關的書。
(2) 專精：在國語日報寫故事專欄。

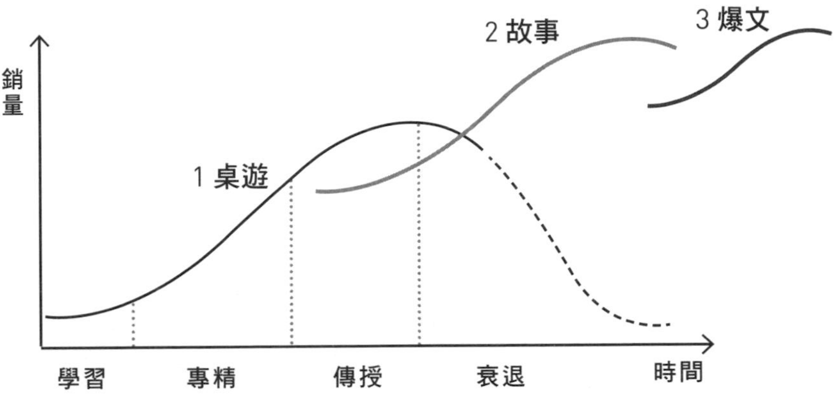

第三曲線進場：爆文。

(3) 傳授：YOTTA線上故事學、開故事工作坊、《故事學》出版。

A. 學習：閱讀爆文、練習爆文。

B. 專精：開始寫爆文系列專欄。

C. 傳授：開爆文寫作工作坊。

因為腦海中有「第二曲線」，將會清楚明白每個技能是處於哪個階段，是需要打模呢？還是輸出產品呢？或是果園已經被採完了呢？

若能妥善因應這些狀況，就能不慌不忙，或攻、或守、或轉移戰場。

「一輩子只夠愛一個人，一輩子只夠會一件事。」前一句千真萬確，但後一句你千萬別信。我欣賞「職人精神」，但我更想做「三刀流劍客」！

獎勵
快速通關小紙條
②

你以為的省，只是時間廉價

任務重點：
正視單位價值

難度：★★★

我家的熱水器鬧彆扭很久了，搞得在冬天洗澡卻像在蘇澳洗冷泉，洗到我直發抖。後來實在撐不下去，便找了修熱水器的師傅來看，想說應該是熱水器壞了，順便做好換熱水器的心理準備。

結果，到場的師傅跟我借了個十塊，用它轉了轉水龍頭的螺絲。「好了！你打開水試試看！」師傅很有自信的說。

這樣就好了？我半信半疑，打開水龍頭，水量變大了，馬上熱水就來了。天哪！太神奇了！這到底是怎麼一回事啊？

師傅告訴我：「很簡單，因為你們熱水器是水點式的，也就是靠水的壓力點

秒鐘一百四十萬元！

當然，也不是要你去拚當首富，一旦開始正視自己的單位價值，便可以判斷很多事情。

再舉一個你一定遇到過的例子。你寫一篇文章發在網路上，有九個人按讚，但有一個人留言黑你，理還是不理？

很多人的做法是慢慢跟對方解釋，希望他能了解你，結果從斟酌到回應，一個晚上又過去了。對方不但不接受，還是繼續黑你。難道，繼續跟他折騰下去嗎？

我自己的方式是，判斷他是否理性。理性，就理性回應一下；不理性，就別浪費你的時間了，因為我的單位時間，很貴。

除非他願意付錢跟你吵架。記住，錢你一定會越賺越多，但是時間，你只會越來越少。所以當你的單位價值超過一定程度，能花錢省時間的買賣，都絕對是好投資！

最後，好奇一下，地上有多少錢你會撿？（其實，十塊我就會撿了，我單位價值不止，只是純粹想撿 XD）

獎勵
快速通關小紙條
③

模仿卓越：沒有橫空出世這回事！

任務重點：
模仿是一條路

難度：★★

很多人常陷入一個迷思，就是：「我的特色在那裡？」然後找啊找的，特色仍舊跟自己玩捉迷藏。最後，放棄了個體崛起這場遊戲，因為他覺得自己沒特色。Nobody一枚。

榮哲曾跟我講一句話，個人覺得非常受用，後來我不斷去實踐這句話——「模仿一個人是模仿，模仿十個人就成為風格。」

這也就是個體崛起的關鍵：模仿卓越！那要怎麼做呢？就這四個步驟：

- 找出該領域的一個好手。

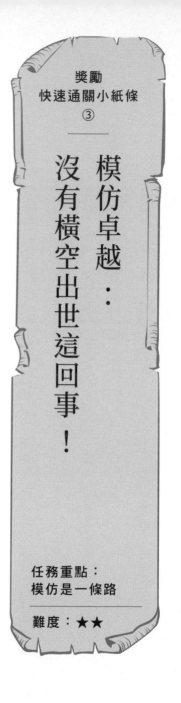

- 認真分析他的套路是什麼。
- 局部模仿直到內化為止。
- 再找下一個好手分析並模仿。

而，我就是這麼做的。

我剛開始接演講的時候，因為很喜歡榮哲的演說風格，便大量聽他的講座。光是他用「靶心人公式」拆解美人魚故事，就至少聽了五遍。然後我開始留意，為什麼聽眾會被他的話給吸引住。才發現榮哲很擅於「雜揉」，把兩件不相干的事連在一起，創造出一種「熟悉的陌生感」。

比方他談電影《刺激1995》，明明是個越獄故事，但他會跟你說：「你敢逃離人生的牢籠嗎？」像是面對一成不變的生活、毫無期待的工作、等著老死的人生……

越獄不干聽眾的事，但逃離人生的枷鎖，沒有人會置身事外的。

那陣子，我天天模仿榮哲的講話方式，搞到自己以為參加「模王大道」。甚至連榮哲的口頭禪都學：「緊接著、緊接著……」後來我才知道，原來他講這句話，是因為他還在想下一句話該怎麼說。

那麼，要練到什麼程度為止呢？十個聽過我演講的人，有九個說我講話很像許榮哲。於是我知道，我該模仿下一個卓越了。

第二個學習的對象是曾培祐，他是知名的注意力講師，平均五句話就會讓你笑一次。聽他的課，你永遠會懷疑手錶是不是被調快了，不然怎麼會兩小時咻一下就過了。

培祐的課我幾乎都聽過了，後來我們也成為很好的合作夥伴。我發現他善於「自嘲」，比方他說：「我身高181，體重141，最怕變成1比1。」而那時，往往是笑聲最大的時候。

於是，我在演講中會加入自嘲元素：先墊高、再打臉。比方說自己曾當過系籃隊長，大家會哇一聲！但我會接著說，那一屆其實也才四個人而已，所以隊長用黑白猜來決定就好了。然後，大家就會哈哈大笑。

久而久之，我就把自嘲給內化了，練到自己可以逗笑自己。

這時，就沒有人說我講話像榮哲了，因為我多學了培祐的風格。

所以你要苦惱的，不是自我特色是什麼，而是你看過的高手夠多嗎？跟每個高手偷師一招半式，然後瘋狂內化、刻意練習，直到你登高一呼，江湖為之風起雲湧。

獎勵
快速通關小紙條
④

運氣是種科學，但你偏不信！

任務重點：
運氣就是開闊的心

難度：★

大明走在買咖啡的路上，竟然撿到錢！算一算，剛好可以買杯咖啡。接著，他在等咖啡的時候，跟後面的人交談幾句，剛好那人是名生意人，聊著聊著，意外得到一個生意靈感。

大明把這件事告訴小曼，小曼聽了，不禁抱怨起來：「怎麼這麼好！我也都走同條路買咖啡，從沒撿到錢，也沒認識什麼生意人。」

你運氣也太好了吧！我怎麼就沒那個運？

其實，上面的故事，是韋斯曼在研究「運氣」時，所做的一個實驗。他要求受試者到街上特別店家買咖啡，然後在經過的路上放了一些錢，並且安排一個生意人在店家。

韋斯曼想要研究哪些人比較容易注意到這些被設計的好運。

果然，他發現這些看似好運的人，背後都有類似的思考方式。當然，遇不到好運的人，也是。

這些年，我一直覺得自己蠻幸運的，很多想做的事，都自動找上門來。

比方幾年前，我很想出書，結果榮哲找上我，一起合寫了《桌遊課》；接著，我很想到處演講，學校數學科知道我很愛玩桌遊，便邀請我在校內做分享，那是我的第一場演講。直到現在，我幾乎全臺各地都演講了；後來，我很想接書評激約，因為自己很愛看書，也想把好書推廣出去。結果很多出版社開始寄書給我，找我寫書評。我運氣好到爆，連老婆都懷疑我是不是在演楚門的世界，一切好事宛如劇本發展。

可是我不禁想到，以前的我就沒那麼好運啊！

到底是什麼原因，讓我這幾年運氣好得不得了？

終於，在「運氣學家」韋斯曼的研究中，我找到了答案。韋斯曼研究發現，好運其實是可以創造出來的，通常幸運兒都具備三種特質：

第一，保持開放。

幸運兒對沒接觸過的事都覺得有趣，願意嘗試，哪怕他不是真的在行。

令我印象最深刻的，就屬榮哲的故事了。幾年前，他對桌遊不熟，只玩過大富翁。有次，台灣文學館發現桌遊正夯，想到榮哲是作家，就問他能不能辦一場桌遊文學營？

如果是一般作家早拒絕了，但榮哲覺得很有趣，就答應了，然後他趕快找幾位夥伴，分頭去學桌遊，然後設計課程，就這樣辦出第一場桌遊文學營。緊接著，還有第二場、第三場……直到現在數不清了。

榮哲這個故事，我聽了至少三遍，多聽幾遍是有好處的。因為聽第一遍你會當奇譚，聽第二遍你會當故事，聽第三遍你會當指引。

於是後來，我很多事也抱持開放心態。不當自己只是老師，因為我想擁有很多身分：作家、演說家、講師、主持人……，線上遊戲都可以轉職了，憑什麼我只能當老師呢？

第二，外向熱情。

幸運兒很樂於跟外界互動，他們不見得是社交高手，但至少跟任何人都能聊上幾句。所以在任何場合，他們會顯得特別耀眼。很簡單，大家都「閉俗」，自然很期待有人能打破僵局，這人通常就是幸運兒。

因此，幸運兒往往有機會認識更多人，加上他在別人心中印象深刻，別人有更多的好事，自然就找上他了。

這要怎麼做呢？很簡單，在任何場合，勇敢當第一個開口的人就行了。人很奇妙，在不同場合，都會因應情勢調整不同的尺度。如果一開始，沒主動發言，那麼到後來，你反而會覺得發言很突兀。

所以每次到外面上課，我觀察那些活躍份子，都是在一開始的自介、討論、提問，就主動搶下話語權。

因為他們知道，只要踩著外向熱情的人設，後面就會越來越自在。

第三，情緒穩定。

這裡不是要你不能生氣，而是能覺察自己當下的情緒，冷靜選擇應對的方式。或許你會覺得這件事有什麼難的，誰不知道自己的情緒呢？不，這超級難的！

你一定有聽過這種對話：

「你別生氣，事情是這樣的……」

「我沒有生氣！你哪隻眼睛看到我生氣？」

通常情緒不穩定的人，自己是察覺不出來的，但別人都能清楚感受到你的生氣、焦慮、嫉妒、厭世……，往往這樣的人容易把自己困陷在情緒裡。

因而對身邊的小事很容易東想西想：

「萬一他們覺得我很弱怎麼辦？」

「這事真的很誇張，不罵不行！」

「每次都這樣，當我好欺負啊！」

你看，當注意力都放在情緒漩渦裡了，哪有餘力去留意身邊的好機會呢？

在《習慣致富》這本書，特別提醒要遠離幾種有毒人格：批評家人格、被害人格、嫉妒人格……

總之，真的很生氣的時候，那就先別說話、遠離現場。假使真的很在意，那就想想，人生嘛，除了生死，都是小事。

遊戲裡有個詞叫做「爆擊」，也就是一定機率暴增的攻擊力，為了提升爆擊率，玩家會研究技能和出裝，因為他們知道爆擊不是運氣，而是運用科學的概率。

好運就是一種人生爆擊！你可以當它是運氣，繼續聽天由命；或是，當它是科學，開始提升機率。

別忘了，命是弱者的藉口，而運是強者的謙詞。

獎勵
快速通關小紙條
⑤

為什麼你一定要出書？

任務重點：
打造影分身

難度：★★★

若你問我追求個人品牌的過程中，什麼是最關鍵的？我一定會說：「出書！出書！還是出書！」當然你可能反駁：「哎呀！出書又不賺錢！版稅低，加上大家又不買書。靠我的專業賺到的錢，都不只這些了。」

這話不能算錯，但你卻忽略出書背後比錢帶來的更大效益。

四年來，我出了五本書。從《桌遊課》到勵志散文《飄移的起跑線》、再到實用表達書《故事學》以及教育散文《就怕平庸成為你人生的注解》，還有你現在讀的這一本！每出一本，我都明顯感受命運齒輪正在加速轉動，彷彿有什麼龐然大物正要啟動。

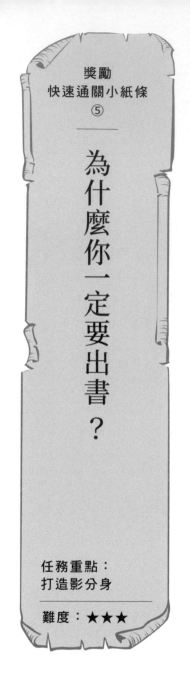

為什麼一定要出書呢？來說說這幾年下來，自己的想法：

第一，書是你的「有價名片」。

你一定有過這樣的經驗，到了一個陌生場合，大家先是寒暄聊天，接著拿出名片互相交換。口袋裡搜集了滿疊名片，心滿意足的回家，覺得人脈圈又厚實不少。真的是這樣嗎？

請問這疊名片，最後你真正會聯絡的有多少？

如果這時你語塞了，那同樣道理，你的名片在別人手裡，真的會再被看一眼的又有多少？其實，名片跟路邊傳單一樣，除非你是大人物，不然，名片通常都被遺忘或丟掉。但如果你有著作，一切就不一樣了！

重要場合，不經意提到你出過書，會發現對方看你的神情變了。在多數人眼裡，能出書必定是一號人物。這時，你再拿出著作送給那些你想深交的人，絕對比單純名片來的有效。

畢竟，名片不知道會被塞到哪裡去，但書卻會被放到顯眼的位置。這就是為什麼我不帶名片，卻隨身帶一本書的原因。

第二，書帶動你的「被動收入」。

「財富自由」聽起來迷人又夢幻，於是很多人卯足全力接了一堆Case，衝高收入，想要趕快到達財富自由的一天。結果卻像薛西弗斯，把石頭推上山，再看著石頭滾下山，日復一日的輪迴，永無終止的一天。

為什麼都那麼努力工作了，卻還過得這麼辛苦？那是因為，只要得用「時間」獲取的「收入」，都不是最好的選擇！雖然錢會越賺越多，但時間只會越用越少。因此，重點不在接了多少工作，而在於如何不工作，卻還是有額外的被動收入？「出書」就是！

雖然書的版稅不高，大概在8%到15%左右。但你試想，假設一本書三百元，版稅10%，每賣出一本你就有30元的進帳。看起來很少，但重點在於你不用耗費時間，在某個地方，就有貼心的讀者，為你曾做過的努力打賞。

每一本書，就是你的影分身，幫你傳遞價值、帶動收入。

第三，書能為你「積福厚德」。

我們常說日行一善，但你知道嗎？你所出版的書，可以幫你日行十善！

我在學校當老師，很喜歡跟孩子們相處，但有時，我也感慨一個老師的影響力能有多大？三年的時間，陪著兩個班的孩子，最多就影響70幾個孩子吧！不過，要再乘上30％，因為真正會被你影響的孩子，大概只有三成左右，這是我常提到的「強打者理論」，在棒球的世界，打擊率超過三成，就是好打者。

也就是說，我花了三年的時間，卻只能為20個孩子帶來改變。對於那麼用心的我們，怎麼可以？

可是，當你把平常落實於教育的價值觀寫出來後，情況就不一樣了。

前幾天，有個國三的孩子寄信給我。我沒見過她，卻改變了她。她告訴我，讀完《飄移的起跑線》後，她決定跟自己拚了！在自己的臉書上「公開承諾」：「準備會考，停用臉書一年，竹女榜單見！」

接著，她發狠，請姊姊更改她的臉書密碼，讓自己這一年無法登上臉書。

這個道理，我每屆在任教班都說過，但真正落實這個方法的，卻是一個我連見都沒見過的讀者。

這下，你終於明白，為什麼我一直鼓勵大家出書不可了吧！每出一本書，就會聽到命運齒輪咔啦的轉動；一本接一本的出，齒輪咔啦咔啦轉動著彼此。

你抬頭，這下，終於看清那個龐然大物了，原來是屬於你的夢想移動城堡！

獎勵
快速通關小紙條
⑥

別的不說，你有多少「錯覺資產」？

任務重點：
令人誤會的能力

難度：★★★

某天上直播課時，講師要我們討論：「直播有哪些效益？」我想到的很有限，頂多業配、叫賣、接案。但一起上課的政廷，提出一個讓我眼睛為之一亮的概念：「錯覺資產」，他是從《錯覺資產》這本書看到的。我立刻拿出手機，到博客來把這本書買下來。

我有個習慣，只要聽到哪一本書好，便會毫不猶豫上網購買，根本不在乎多那20塊運費。讀完之後，果然又開了我一道新視野。

什麼是「錯覺資產」呢？

簡單來說，就是讓別人對你抱持一種「對自己有利的思考錯覺」。這樣的思考錯覺又是從何而來的呢？其實，這是認知心理學中的「認知偏差」。只要會讓人產生一種「正面印象」，就會引發「整體都很優秀」的錯覺。

最簡單的例子，兩個人來面試，程度差不多，但長得好看的那個人，勝出的機率會大很多。當然，主考官不會承認是因為長得好看才錄取那個人的。他會自動曲解為：是因為對方的能力比較好（你看，可見我當初考老師有多辛苦）。

當然，思考錯覺也跟「月暈效應」有關。所謂的「月暈效應」，是指當一個人的某個特質特別耀眼時，就會產生光暈，使他整體看起來都很耀眼。然而，這往往是種錯覺。

再回到「錯覺資產」。

這時你可能會想，那為什麼這種錯覺會成為我們的資產呢？道理是這樣的，當你擁有「資產錯覺」，讓別人覺得你很強，你就有機會來到更好的「環境」。因為來到「好環境」，將會擁有更多資源，當然也能創造更多「成果」。這些成果又可以為你取得更多「資產錯覺」。

所以在《錯覺資產》這本書，有句話我特別喜歡：「比起運氣和實力，讓人誤會的力量，才決定一切！」

雖然這話說得太武斷些，畢竟運氣和實力還是很重要，不過用在詮釋「資產錯覺」，可說是精闢了！

不過，《錯覺資產》這本書留下一個懸而未解的問題，那就是：怎麼創造「錯覺資產」呢？

剛好，這正是我的專長！跟你分享兩個非常實用的技巧。

第一，自創標籤。

我的「爆文課」第一堂，從不急著帶學員寫作，因為寫作很容易，但相信自己能寫，很難。

我都會挑幾個人問：「你做什麼工作呢？」然後得到的答案是：「老師、老師、建築師、老師、業務、業務、部落客、老師……」接著，我就會問他們：「你們幾個都是老師，那要怎麼分辨你們的不同呢？」

你注意到了嗎？這社會把我們歸類，靠的是「簡化」。但要創造「資產錯覺」，你必須自創標籤，為自己「分化」。

爆文課後不久幾天，碩彥學長傳訊息來，告訴我一個好消息。一心想經營親子教育的他，因為自創標籤，竟然獲得朱銘美術館的邀約合作。我相信他是努力的，但最後推他一把的，卻是標籤這個「錯覺資產」。

第二，文字產線。

當政府宣佈捐出一千萬個口罩，給國際上需要幫助的國家，此舉果然贏得世界各國的讚譽。新冠肺炎疫情一開始時，口罩比貨幣還值錢，而早在兩個月前，臺灣就開始建立口罩生產線。兩個月後，我們用口罩資產換得更多的國際聲量。

就是把這個概念轉換過來就對了。「錯覺資產」的核心操作，**就是建造你的文章生產線，不斷向網路輸出你的：信念、專業、價值。**

不要管寫得好不好，因為只要你有寫，別人沒寫，你就贏了。沒寫還跑來批評你的人，基本上就是遜咖，你要憐憫他。

網路世界的規則是這樣：你的文章量越大，聲量就越大。那麼，久而久之，大家都會聞聲而來，而你莫名就成為那個領域的代言人了。

當然，拍影片和直播，也能達到同樣的效果。只是文字對我而言，成本最低，產量最高，所以我選擇文字作為產線，創造「錯覺資產」罷了。

最後，有件事很重要。

如果你想成功，請務必要拋開這個想法：「那個人明明沒實力，憑什麼可以爬到這個位置！」

在你還不知道「錯覺資產」時，你的抱怨是可以被理解的。可是現在你知道了「運氣和實力」之外的秘密，就必須重新設定問題：「他是怎麼創造錯覺資產的？」

畢竟，最難的是實力，你都已經具備了。多個錯覺槓桿，不好嗎？

【給一級玩家的訊息】

當你擁有「資產錯覺」，讓別人覺得你很強，你就有機會來到更好的「環境」。

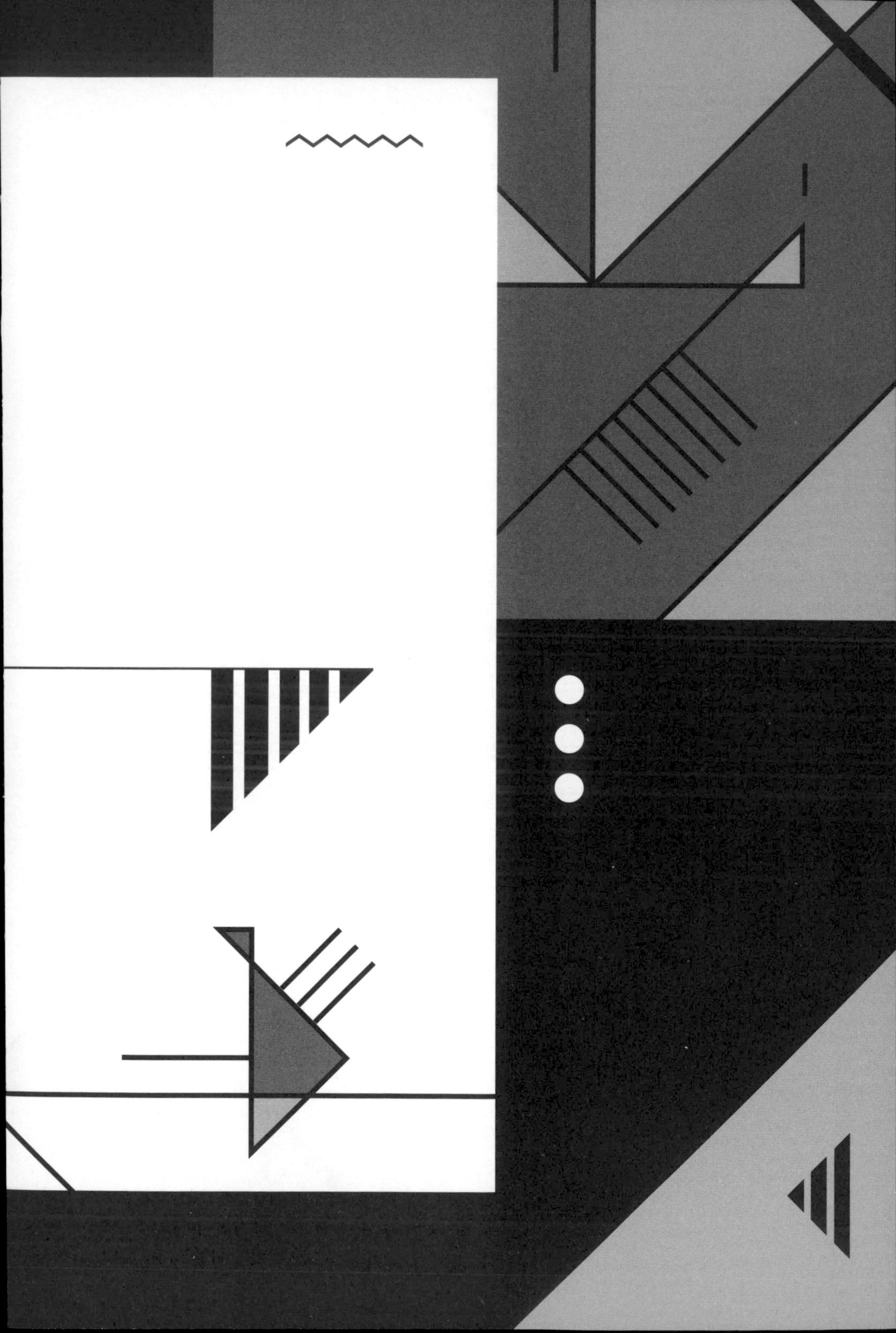

CHAPTER

07

排位賽：

進階挑戰，決定你的人生位子

轉換腦袋，

卡進人生的最佳位置。

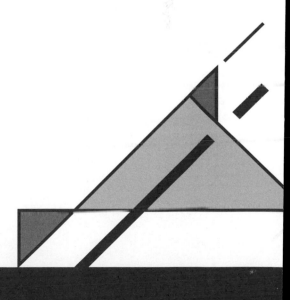

排位賽 ①

排位賽思維：怪高手現實，是因為你還不夠格

任務重點：熟悉排位賽玩法

難度：★

我非常愛看漫畫。所有漫畫中，最愛的就是《灌籃高手》，還記得國小時，晚上一定守在電視機前，看《灌籃高手》的動畫。看櫻木花道從一個籃球門外漢，突飛猛進成為禁區悍將；看赤木剛憲從一路被看衰，到帶領湘北籃球隊稱霸全國；看三井壽從MVP球員淪落成街頭混混，再重返球場的浪子回頭。總而言之，《灌籃高手》是我童年的代名詞。我國小一路打籃球到大學，還參加系上籃球隊，就是受到《灌籃高手》的感召。

出社會後，越來越沒時間打球，但體內的籃球魂仍蠢蠢欲動著。這時，我看到《灌籃高手》出手機遊戲了，而且還請到蕭敬騰代言！童年的回憶全湧上心頭，

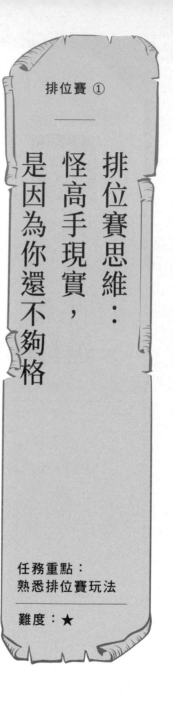

立馬下載開玩。

我先選了流川楓小試身手，不愧是湘北隊的超級王牌，過人和灌籃都像喝水一樣簡單，一場拿個十幾二十分如探囊取物。接著我再選櫻木花道感受一下主角威能。果然，驚人的彈跳力讓抓籃板跟摘水果一樣輕鬆，再加上櫻木體能勁爆，全場衝刺，撲球、火鍋樣樣來。雖然得分能力就跟漫畫裡一樣悲劇，但優異的籃板衝搶能力，讓他成為組隊不可或缺的人物。

然後我發現，遊戲裡主要有兩種模式，分別是「匹配賽」和「排位賽」。「匹配賽」比較輕鬆，不管輸贏都有獎勵，當然，贏了獎勵會比較多。

但「排位賽」就不一樣了，排位賽設置不同階級，從低到高分別是「入部新秀」、「強力替補」、「最佳正選」、「絕對主力」、「超級明星」、「最強王牌」、「傳奇巨星」、「殿堂王者」、「灌籃高手」。要往上爬，你必須在所屬階級集滿五顆星，只要贏一場比賽，就可以得到一顆星。也就是說，只要你連贏五場，就可以順利晉級下一階，得到更尊榮響亮的頭銜。聽起來很不賴，對吧！但慘忍的是，如果你不幸輸掉比賽，不但得不到星，還會掉一顆星。換言之，如果你連續輸掉五場比賽，是會降階的。

那麼，得到頭銜會有什麼好處呢？首先，名聲聽起來響亮，滿足玩家的虛榮心。其次，每個賽季結束，會結算你曾達到的最高階級，然後依階級給予不同獎勵。階級越高，得到的獎勵越豪華！

這也正是「排位賽」的迷人之處，玩家一定會卯足全力打，對於勝負會更執著。因為每一場比賽，都攸關自己的「升遷之路」。在打排位賽的時候，你會感受到心跳加速，想要拚勁全力防守對手、撲搶每一顆球、做更有把握的出手。贏了，成就感加倍，你欣喜若狂；輸了，挫敗感也加倍，你捶胸頓足。

重點來了，如果你是打排位賽的玩家，該怎麼做才能提高勝率呢？請你先別急著往下看，先在紙上寫出三個方法，再往下繼續讀。

回到我的故事吧！一開始打排位的時候，勢如破竹，非常順利，以為自己天賦異稟。但連勝之後，緊接而來的就是連敗，好不容易賺到的星，全部都吐了回去。後來我才知道，這是遊戲設好的局。當你連續獲勝，電腦就會分配比較強的對手、或比較弱的隊友給你，藉此降低你的勝率；反之，當你連敗時，電腦怕你從此放棄遊戲，就會配對比較弱的對手、或比較強的隊友給你，讓你提高勝率。所以，大多玩家勝率都在五成左右。那有什麼辦法提高勝率呢？

第一，找強隊友結盟。

在打排位賽時，如果遇到厲害的隊友，為了避免他消失在茫茫人海，你一定會主動加他好友，並揪他一起打排位賽，培養默契，組成自己的「升階團隊」。而且彼此位置不能衝突，你打控衛，就不會再找一個控衛隊友，反倒會去找擅長強籃板的中鋒、或者善於得分的小前鋒。因此，這團隊組成既多元、也能彼此互補。

第二，避免有毒隊友。

一開始我沒認識的隊友，想說就交給老天安排吧！結果配到的隊友，不是太神，就是大雷。雷隊友又比神隊友的比率更高：像是投不進三分的三井、搶不到籃板的櫻木、一直被蓋鍋的流川楓，搞得我都快瘋了。技巧上的不足就算了，還會遇到各種人品有問題的傢伙，像是「玻璃型隊友」：幾球打不順就開始擺爛，拖垮全隊；或是「批評型隊友」：你一個失誤，他就開語音罵你，自己失誤就當沒事。後來我發現，只有你挑選好隊友結盟，才能避開這些有毒隊友。

第三，讓自己變更強。

為了打贏比賽，我發現在選擇隊友時，都會下意識邀請位階比自己高的，因為那意味著勝利的保證。但是，就有很大機率對方會拒絕，原因很簡單，你想要別人Carry你，但別人也想被Carry啊！一看位階差這麼多，誰想抱著掉星的風險去賣你這個人情呢？很多人常抱著「我弱我有理」的心態，向這世界索討，即便是我，在遊戲裡也不免有這樣的念頭。但高手的人脈，都建立在「等價互惠」的前提。唯有實力相當、爬階目標相同、技能可以互補，才有進一步合作的誘因。因此，想擁有可靠的隊友，最好的方式是讓自己變強！

說到這裡，倒不是要你去玩手遊打排位賽。而是我從遊戲裡體會到一件很有意思的事，如果用「排位賽思維」來設計人生，一定會刺激好玩許多。步入職場後，你會發現為什麼有些人活得如同行屍走肉，上班就是泡茶、聊天、團購，遇到事情就是擺爛、推託、裝死。他嫌薪水太少，所以懶得做事；但你真要他去增能成長，他又沒這個勁。我們要對自己耳提面命，絕對不要成為這種人！如果嫌生活乏味，那就花心思做些改變；如果嫌薪水苛扣，那就去增能讓自己值更高的待遇；如果嫌工作沒有前景，那就勇於踏出去看看外面的風景。

人生就是一場場的排位賽，你所處的位階，決定你的視野與格局。

找到你的天賦，一步步點滿技能，加入這場人生的排位賽。你可能會被高手電到懷疑人生，但你也會學到高手的思維模式。當你決定用高手思維來玩下一局時，意外發現雷隊友消失了、神隊友答應結盟了，而人生的機會大門，也一扇扇為你敞開了！

排位賽 ②

潛力新秀：你怎麼過一天，就會怎麼過一生！

任務重點：如何晉升位階

難度：★★

曾讀過一篇小說，是對岸小說家陳村的〈一天〉。這篇小說的寫法很有意思。故事主角張三，一早被母親叫醒，因為他要開始去工廠當學徒了；過沒多久，他不但娶妻、還收了徒弟。當這天結束時，張三告訴大家他要退休了，大家還為他辦了一個歡送會。這到底是怎麼一回事？

原來，張三繼承他父親的人生，每天的生活都一樣。小說家透過移花接木的手法，把一天的清晨、早上、中午、下午，對應張生的一生：少年、青年、中年、老年，呈現出一種命運的輪迴！

讀完這篇小說，我陷入深思：「這是我要的人生嗎？」一個看開頭，就知道結局的人生。就像當年，我剛考上正式老師，欣喜若狂，覺得全世界都為我而轉。我媽也為我開心，但她跟我說了一段話：「老師這個職業，開始你會覺得待遇很好。但你要有心理準備，十幾二十年後，別人也許都升遷了，你還是老師。」當時忙著開心的我，沒聽懂我媽的話。

直到我教師生涯邁入第五年後，開始理解媽媽當時所說的話了。老師的生活很穩定，穩定到你抱著六冊課本就可以過一生了。迎接新生是開心的，送別畢業生是難過的，但那都會隨著歲月而降低感動的振幅。我媽當了一輩子的國中老師，我突然明白當時她說的那段話，其實是向我傾訴她人生的感觸啊！

穩定，也許是人生最大的風險，因為它讓你失去冒險的本能。

我決定要改變，不想要像小說〈一天〉那樣，早上出門去學校教書，中午成為資深教師，下午在同事祝福聲中退休。就算在穩定的體制內，也想要翻牆去做點冒險。後來，我用五年邊工作邊冒險，除了高中教師之外，多出幾個頭銜：暢銷作家、知名講者、爆文教練。出了好幾本書、到全台各地演講、還受邀教大家如何寫出爆紅文章。

很多人問我怎麼做的？其實很簡單，你先這麼想。穩定的生活像是手遊裡的

「匹配賽」，沒有壓力，打好打壞都有獎勵，所以你不見得會認真打。但冒險的生活就是「排位賽」，打贏報酬加倍，升等進階；打輸風險也加倍，掉星降階。所以你一定會拚了命的往上爬。

我從原本的「匹配賽思維」，切換到「排位賽思維」，因此眼前所見，也從原本的平面世界觀，變成立體世界觀。穩定的生活會讓你以為大家都平起平坐，但冒險的生活，才會讓你認清人有高下之分。

如果你開始對人生排位賽有點興趣了，來吧，按下「排位賽」的選單，迎接你的第一個頭銜：「潛力新秀！」

在這個階段，你可能有工作，也可能還在找工作，你有些迷茫，但更多的是不甘平凡。你有想做的事，但無奈沒人知道你。你說：「這場排位賽的開局也太差！」嘿，換個方式想，正因為這樣，你才沒有後顧之憂啊！來，跟你說說「潛力新秀」快速升階的策略。

● 投資「閱讀貨幣」。

任何投資，一定是「買低賣高」。閱讀這種貨幣，完美符合這個投資準則。

你想想，一本書集結作者20年的專業和智慧，而你只需要花二百多塊就可以擁有了，我還真想不到不投資閱讀的理由。

但問題來了，市面上的書成千上萬，要怎麼挑選呢？很多人只讀跟自己本行有關的書，或者是市面上的暢銷書。基本上有讀一定勝過沒讀的，這必須給予肯定！但如果你願意再往前一步，那麼，記住一個概念，叫做「多元思維模型」，這是查理・蒙格所提出來的。簡單來說，就是高手之所以厲害，在於他們能掌握學科的「系統」，而且還不只一門學科。他們擁有各種學科的系統知識，像是歷史學、心理學、生物學、數學、物理學、經濟學等。這些系統整合起來，就成為高手的「多元思維模型」。

所以，閱讀最好的方式，就是從各領域找十本最基礎的書來讀。你會發現有些「概念」會不斷出現，那就是這個領域的「核心知識」。因此讀完十本書後，雖然離專家還差的遠，但對這個領域也有一個粗略的輪廓了。然後，再接著攻讀下一個領域的十本書。

而且你會發現到一件事，書會閱讀越快，因為很多概念已經在別本書讀過了，你的腦內已經建立起一座「雜學資料庫」，幾乎都是跳著在讀，也就是另類的「速讀」。不妨可以去找《雪球閱讀法》這本書，方法全寫在裡面了。

● **建立「資產性人緣」。**

努力很重要，但是如果有貴人的提拔，那麼，打排位賽升級的速度會更快！就像你在這本書，一定會常看到一個名字，那就是我的人生導師「許榮哲」。如果沒有他，我可能還是有機會起飛，但至少會晚十年。偏偏，人生最重要的資產就是時間。雖然說大器可以晚成，但如果能選，我會選越早越好。因此，你一定要努力跨出舒適圈，去跟厲害的人結緣。

重點來了，你一定看過一種人，整天到處發名片、愛跟名人拍照、加臉書和Line、動不動請人吃飯、送小禮物。這的確也是一種結緣的方式，但可能沒搞懂人脈真正的意義。蔡壘磊在《你懂這麼多道理，為什麼過不好這一生？》提出人緣有兩種：一種是「勞動性人緣」，這種人藉由不斷答應別人的請求，來累積自己的人脈，但他分不清楚哪些忙是值得幫的，哪些忙是別人拗他的。更麻煩的是，一旦有天他沒辦法幫忙，別人還會怨他。這種累積人緣的方式最虧，完全是在作賤自己的時間。

另一種是「資產性人緣」，人緣建立在他的「專業技能」上，人人都想主動跟他建立關係、交換資源。因此，他擁有更多選擇的權力，也不會被一些無謂的人際關係綁架。以我為例，寫作是我的「專業技能」，所以我專用這項能力，與別人建立關係。看完一本書，就寫讀書心得發在網路上，跟出版社建立關係；聽完一堂課，就寫課程心得分享給大家，跟講師建立關係。

● **大量輸出「知識產品」。**

我常說，過去，是仰望大師的時代。可是現在，是「個體崛起」的時代！拜網路之賜，你可以透過文字、圖像、影片，在網路上建立你的「數位足跡」，讓別人主動找上你。因此，你要把自己想像成一台機器，放入知識原料，像是專業、書、電影，經過你的靈感加工後，量產出一個個的知識產品：教學文、書評、影評。

然後你把這些好產品，先分享在網路上，一來讓讀者受惠，二來建立你的品牌口碑。久而久之，你就會建立出你的「內容企業」！這就是古典在《躍遷》所提到的「知識ＩＰＯ」：

◇ 輸入問題（Input a question），以解決問題為目標。

◇ 解決問題（Problem solving），以整合學科為手段。

◇ 輸出產品（Output），寫成文章、提供諮詢或授課。

但這對多數人而言，是最難的一步。最大的原因是，擔心自己的東西在同行眼裡看不上。當老師的想寫教學文，怕同事覺得你愛現；做行銷的想寫行銷知識文，怕同行覺得這些皮毛也敢拿出來現。這個問題，只要你想通一件事就解決了，那就是：「就算你是小咖，你不是寫給大咖看的，你是寫給小小咖看的。」小小咖，才是我們知識產品的主要受眾，而且他們會給你熱烈的回報。

有句話是這麼說的：「很多人30歲就死了，直到80歲才下葬。」如果你不想要一眼望穿結局的人生，那麼，就勇敢地去改寫它吧！

【給一級玩家的訊息】

穩定，
也許是人生最大的風險，
因為它讓你失去冒險的本能。

排位賽 ③

超級王牌：不是我行，而是我敢！

任務重點：
凡事先做再說

難度：★★

先跟你說個故事吧！故事是這樣的，知名音樂人黃國倫一開始想當歌手，可惜一直沒走紅。後來他轉走音樂人路線，為歌手填詞作曲，結果為王菲寫出了經典歌曲《我願意》後，一炮而紅！從此，許多大咖歌手找他寫歌，他的創作也源源不絕。但其實在他心裡，仍然沒忘記當歌手的夢，他最想要的，是站上演唱會的舞台，唱自己寫的歌，裡面有著他的故事。

後來，他做了一個瘋狂的決定：「包下北京的鳥巢，開個人演唱會。」大家一聽，先是一愣，接著捧腹大笑。要知道，鳥巢是對岸最大的演唱會舞台，相當於我們的小巨蛋等級。光場地費租用就要斥資百萬，加上舞台搭建成本，沒個千萬是辦不成的。所以通常都是最紅的歌手，像是周杰倫、五月天等級的，才會選在鳥巢辦演唱會，他們的粉絲多、購票踴躍、才有機會獲利！不然，一定是慘賠作收。

黃國倫要在鳥巢辦演唱會的消息一出來，網友猛潑冷水：「他哪位啊？聽都沒聽過，還想在鳥巢辦演唱會！」「也不先照照鏡子，誰會去你的演唱會啊！」「以為自己很紅嗎？笑死人了！」如果你是黃國倫，看到這些排山倒海的吐槽，你還想開演唱會嗎？

黃國倫看到這些留言，笑了一笑，回頭拍了一支演唱會宣傳影片。沒想到，這支影片在網路上爆紅！這影片在說什麼呢？影片中，黃國倫自信走出場，告訴大家他要開演唱會，也提到很多網友潑他冷水、嘲笑他。突然，鏡頭外，一桶水朝黃國倫身上潑了下去，一桶又一桶……

黃國倫全身濕透，渾身狼狽，正要面對鏡頭說話，又因為地滑而摔倒。最後，他好不容易站起來，對著鏡頭說了一句讓我刻骨銘心的話：「不是我行，因為我敢！」他借了網友的嘲諷，打出最漂亮的一波「借勢行銷」。本來一場乏人問津的演唱會，因為這部宣傳片而熱血沸騰！

知名企業講師謝文憲曾說過：「人生有四成的把握，就放手去做！」為什麼是四成？因為準備六成只是及格思維、準備八成後機會早就被搶走了，至於準備到百分之百呢？別傻了，那只是多數人拿來拖延用的藉口。

在「潛力新秀」階段，你要做的是沉潛累積：閱讀、結緣、輸出；但要晉升「超級王牌」，你的遊戲策略必須是：「讓別人知道你是誰！」好，你準備要打遊戲了，那要怎麼接技放招呢？看好！

● 先按「出書」鍵

想讓別人認識你，多數人會選擇發名片、加臉友，這並沒錯。但想想看，你自己拿到別人的名片，真的會記得他嗎？十之八九不會吧！但，假如你跟人家介紹自己時，是這麼說的：「您好，我叫歐陽立中，是個故事教練，出了一本書叫《故事學》，獲得文化部評選為優良圖書。」你信不信，別人看你的眼神一定會不一樣。畢竟在大家心中普遍認為：出書＝厲害！所以記得，書才是你真正的有價名片。

接下來你一定會問：「歐陽，我又不像你，這麼多出版社邀約寫書。我該怎麼出書呢？」欸，你是不是搞錯什麼了？我也不是一開始就書約不斷啊！但我做了一件很瘋狂的事：「天天在臉書上寫作！」寫到讓出版社編輯主動找上我。為什麼一定要在網路上公開寫作？很簡單，一來，你如果只寫給自己看，很容易自欺欺人，三天打魚兩天曬網。但在網路上公開寫，就會有出稿的壓力。壓力才能養成你寫作的紀律！二來，網路寫作得到的回饋最快，你寫得好，網友狂讚和分享；寫得不好，網友轉身離開。這樣一來，你才會懂得調整寫作策略，而不是寫來自我感動的。三來，很多媒體和編輯都在網路上潛水，你自己默默寫根本沒人知道，但在網路上寫紅了，媒體轉載你文章、編輯邀請你出書，你的影響力瞬間翻倍。

那麼，怎麼開始公開寫作呢？我最常用的方式是：「用寫書的心態寫作。」先從你的「專業」或「興趣」出發，在你的專業領域，有哪30個「重要概念」呢？你可以用便條貼，一個概念寫一張，貼起來歸類重組。這30個重要概念，就是你的「寫作主題」了。以我的《故事學》為例，我當初在寫這系列文章，就問自己：「說故事最重要的30個概念是什麼？」於是我列出這些「三元素」、「六步驟」、「英雄旅程」、「懸念法」、「顛覆法」、「衝突法」……等。每一篇文章，我就專注介紹一個概念，讓讀者輕鬆吸收故事技巧。果然，這些文章集結出書之後，獲得讀者的熱烈回響，甚至成為博客來網路書店二〇二〇年百大暢銷書！《故事學》出版後，我便不再多費唇舌，告訴別人自己是故事教練。因為別人會從我的書，自動把我和故事教練連結在一起。

● 再接「演說」鍵

曾有一個調查指出：「人這輩子最害怕的事，死亡才排第二。」那麼第一名是什麼呢？答案是「公開演說」。我相信你此刻一定點頭如搗蒜。但如果你想進階超級王牌，你就不得不面對公開演說。尤其是當你出書後，一定會有新書發表會，必須得與讀者面對面。你想想，讀者讀了你的文字，內心感動地亂七八糟，滿心期待想見你，聽你的聲音。結果，你在台上支支吾吾，語焉不詳。台下讀者為你捏把冷汗，低著頭，不忍看你難堪。你的文字給他們美好的想像，他們卻在你的見面會而幻想破滅。這是你想要的嗎？

當然，並不是要你成為演說專家，而是你至少要有能在台上侃侃而談的能力。跟你分享我常用的準備方法：

◇ 少講道理，多講故事

哈拉瑞的經典著作《人類大歷史》提到，過去全世界有很多人種，像是智人、尼安德塔人、直立人等。但我們全都是「智人」的後代，其他人種全部滅絕。重點來了，為什麼「智人」能在眾多人種脫穎而出呢？答案是：「智人擁有說故事的能力。」透過故事，創造想像共同體，可以凝聚大量人力，合力完成一件事。更重要的是，故事可以讓原本陌生的人們，達成共識。只要你記住智人老祖宗演化勝利的策略，你的演講在確定好一個主題後，就要先想有那些故事可以用得上。先說故事，再偷渡道理，是演說高手公開的秘密。

◇簡報別用唸的，要用背的

多數講者最常犯的錯，就是很認真做簡報，然後在演講時秀出來，一字不漏的照唸。那麼，為什麼我要聽你演講，直接看簡報就好啦！請記住：「你才是主角，簡報只是輔助。」真正厲害的講者，他們會把簡報內容背下來，包括每張簡報的順序。因此他邊演講，一邊秀出簡報，行雲流水，就像是他在跟簡報唱雙簧般，為聽眾帶來聽覺與視覺的雙重享受。你可能會說：「簡報怎麼可能背得起來？」當然可以，只要你增加簡報的圖片、減少簡報的字數，這就是所謂的「大圖流」簡報，也是效果最好的演講簡報呈現方式。

◇少自嗨，多互動

你一定有聽演講的經驗，請問，你整場都全神貫注嗎？沒有，對吧？根據研究顯示，人的專注力大約維持在10到18分鐘，一旦超過這時間，就會開始恍神。這也就是為什麼TED演講設定在18分鐘，那正是人注意力的極限。假設你的演講時間是一到兩小時起跳，要怎麼抓住聽眾的注意力呢？關鍵兩個字：「互動」！講述是單向式表達，聽眾只能被動地聽；但透過互動，你們就會建立雙向式溝通，聽眾從被動變成主動。我建議你，演講每10分鐘，就要安插1個「互動」，把聽眾的注意力抓回來。我自己常用的互動方式有：

● **請人舉手**：你可以詢問聽眾可能遇過的經驗或狀況，比方說：「在座各位有玩過桌遊的請舉手！」「有沒有專程從南部上來聽我演講的朋友，請舉手讓我知道好嗎？」「有看過《鬼滅之刃》這部漫畫的朋友，舉手一下好嗎？」透過讓聽眾舉手，一來可以了解聽眾的背景，建立跟他們的連結；二來只要他聽了你的指令，思考要不要舉手的那一剎那，注意力就回來了。

- **任務設計**：除了講述之外，你可以準備一些5分鐘以內的影片，穿插在你的演講中。影片也有助於拉回聽眾的注意力，但不能太長，太長的影片又形成另一種注意力疲乏。然後，你可以給他們一些任務，讓他們從影片找答案。像是我常放蘋果電腦的經典廣告「不同凡想」，播放前，我會跟聽眾說：「在這部影片裡，會出現很多你熟悉的歷史人物，請你記下來，等下我會進行有獎徵答。」通常這麼做，聽眾一定會全神貫注。
- **成語接龍**：當我說「沒有習慣閱讀的人，就像是井底……」請問你下意識會想接什麼？「之蛙」對吧！再來一個，「你一定要持續寫下去，因為一分耕耘……」你：「一分收獲！」對，這就是我演講常用的「成語接龍」的技巧。利用聽眾對於成語或是格言的熟悉的慣性，我給上句，他們接下句。不用擔心他們不回答，因為就算只是心裡想、或是做嘴型，聽眾的注意力又被你拉回來了。

記住，「寫作」和「演說」，是「個體崛起」最重要的二刀流，而且也是上手難度最低、投資成本最便宜的兩樣技能。千萬不要覺得你要很行，才能開始寫、開始講，重點不在行，而在「敢」！當你提筆開始寫，就贏過那些不寫的人；當你站上台開始講，就贏過那些不講的人。套一句老話：「你不需要很厲害才能開始……」

我想，你是這麼回應我的：「但你需要開始才會很厲害！」

【給一級玩家的訊息】

透過故事，創造想像共同體，可以凝聚大量人力，合力完成一件事。

排位賽 ④

傳奇大師：夜空這麼大，怎能只有我發光？

任務重點：學習大師思維

難度：★★★

人生像是一場排位賽，一步一擂台。想往上爬，除了好隊友之外，你還需要好裝備，所以必須「課金」。

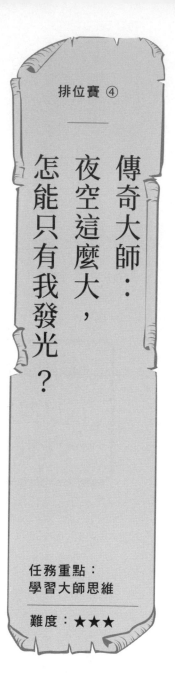

我常說，學習這檔事，免費的最貴。你可能聽免費的演講或課程，結果內容只是沒有肉的雞湯。花了大量時間，卻毫無幫助。當然，並不是說不要聽免費的演講，你可以透過免費演講與大師認識；但如果要從大師身上學本事，我誠心建議你，一定要付費去上大師的課。

大家都知道的叫「常識」、你學到的叫「知識」、大師教給你的叫「見識」。而人與人的距離，往往就來自於「見識」的差距。因此，我一直保持付費學習的習慣，親身感受大師給我的思維震撼。久而久之，我也觀察到這些傳奇大師背後，除了專業之外，在人格特質上，都有某些共通性，讓人情不自禁地追隨他們。

雖然「傳奇大師」的境界，我們不見得能達到，但我發現，用大師的格局來看事情，無形間會化解許多不必要的困擾。

- **不要因為別人的耳語，而耽誤你趕路的行程。**

華語首席故事教練許榮哲老師，是我遇見的第一個大師。

他看出我不甘平凡，所以帶著我開工作坊，把他會的一切都教給了我。得到武林大師的內力灌注，照理來說，我應該睥睨天下、毫無畏懼；但剛好相反，我一直很擔心別人會怎麼看我。記得有次跟榮哲在咖啡廳，討論桌遊工作坊的事。榮哲把桌遊課程定調在「實用導向」，而我希望把課程定調在「活動導向」，因為我擔心別人不認同我們把桌遊實用化。榮哲知道我的顧慮後，認真地對我說：「歐陽，不要因為別人的耳語，而耽誤你趕路的行程。」

在他的人生中，耳語從沒少過。他本來是「小說家」，後來轉做「故事行銷」，有人說他怎麼變市儈了；當他開始當導演，拍電影也教電影時，有人又說他真的懂電影嗎？但榮哲頭也不回，忙著趕路，留下那些光說閒話，卻杵在原地的人。

至今，每當我很想做一件事，卻擔心別人怎麼看我時，都會想起這句話。然後我知道，大師們都在前面等我，實在沒理由再跟那些說閒話的人爭辯。

● **夜空這麼大，要嘛不發光，要嘛就一起發光！**

因為喜歡學習的緣故，我參加過很多課程，像是文案、編劇、電影、行銷、直播、NLP、教學技巧等，老師們都很專業，但我發現真正讓我敬佩的，是那些會帶著你一起發光的大師。印象最為深刻的，就是我的NLP（神經語言程式學）老師，Hogan老師。

我跟他學習12堂的課程，拿到證書結業後，原以為就這樣了，沒想到，爾後只要我出書，Hogan老師就會在臉書及NLP群組大力宣傳！就為了把我的書推薦給更多人。

還有我的AL加速式學習老師，Wally老師。我跟他學習國外的教學技巧，設計出動靜皆宜的課程。後來，我把這一套方法，使用在我的「爆文寫作工作坊」，受到學員熱烈好評。有一次在爆文班中間下課，課程主辦秋玉很開心地告訴我：「歐陽老師，你看看誰來了？」我一看，竟然是Wally老師和師母，他們特別來探班，還帶了一份伴手禮給我，我驚訝的說不出話來。

此後，只要有人想要學習增能，我一定推薦Hogan老師和Wally老師的課程，因為我知道，他們除了教你如何發光，還會帶著你到夜空，一起發光！

● 人生有限，把時間留給真正值得的人。

我很喜歡演講和教課，當我得到大量機會，各地邀約不斷，開始展開南來北往的人生時，一開始很雀躍，身體雖累，但心裡踏實。直到後來，我發現有些演講單位邀約，意不在學習，而在核銷經費；有些聽眾像是被逼來的，意興闌珊，參與度低；有些演講，地點實在太遠，光通勤時間就大過演講時數了。有陣子，我的生活被演講塞得滿滿的，因為累，回到家情緒也不是很好，明明生活日漸優渥，卻越來越沒品質。但滿滿的演講邀約，仍像雪片般飛來，我卻再也沒有賞雪的雅興。那時才理解到講師圈流傳的一句話：「當講師，不是餓死，就是累死。」可是，還有第三種選擇嗎？

剛好那陣子，跟我的好兄弟李洛克聚會聊天。我這個兄弟非常傳奇，他本來是化工系畢業，畢業後在冷凍工廠工作，整天關在充滿魚腥味的工廠。他每天都在懷疑人生，想著難道我人生就這樣了嗎？最後，他決定辭職，主管覺得他瘋了，還數落他：「你這一生注定窮困潦倒！」李洛克沒回嘴，因為他習慣用行動證明，他開始經營小說教學部落格：「故事革命」。每天勤勤懇懇寫文章，經過幾年，累積了千篇文章，「故事革命」也成為全台最大的小說教學網。李洛克一躍成為各大單位爭相邀約的人氣講師，他教小說、故事、行銷、個人品牌。

我問起他生活近況，他竟告訴我：「我現在演講，除非是人情，或離家近，不然都推掉了！」我非常震驚，想說大好機會幹嘛放掉。

但，李洛克有一套人生哲學，因為自認為是個喜歡自由的人，想把更多時間留給家人和自己。被大家爭相邀約的感覺很好，但就算錢會越來越多，而時間只會越來越少。如果有一天回頭，發現自己的時間，幾乎都留給工作，那麼人生肯定會留下很多的遺憾。

「可是演講少接，那你怎麼過活呢？」我好奇追問洛克。洛克告訴我：「做高槓桿的事，也就是讓時間可以多次販賣。」他接著補充道：「演講很好，但就是用一份時間換取一份收益；但如果你把內容，做成線上課程，就是用一份時間換取多份收益。你不用一直東奔西跑，還能讓更多人受惠，更重要的是，多出來的時間，可以留給真正值得的人。」雖然李洛克絕對不會承認他是大師，但在他說出這段話時，在我眼裡，他就是大師，是他教會我如何好好生活。對了，如果你對高槓桿收益有興趣的話，我非常推薦你讀李洛克的書《個人品牌獲利》！這本書會讓你重新修正人生戰略，你依然熱愛工作，但會更懂得如何生活。

當然我必須說，每個人心中，對於大師的定義都不一樣，因此別對我的話照單全收。你得去想，你人生真正要的是什麼？我想要「不畏人言」的勇氣，所以榮哲在我心中是大師；我想要「利他共好」的氣度，所以Hogan老師、Wally老師在我心中是大師；我想要「自由幸福」的生活，所以李洛克在我心中是大師。

這些大師就像夜空的群星，閃閃發光，但他們不要你只是仰望，而要你與他們一塊並肩前行！

感謝

你勇於追夢，是因為她默默守候

認識我的朋友總會說：「歐陽，我覺你好厲害。」但，真正認識我的朋友則會說：「歐陽，我覺得你老婆好厲害。」

好多人好奇，我哪來這麼多時間，根本一天48小時，教書、寫作、演講、活動……，答案很簡單，上帝給我24小時，而老婆又給我另外24小時。

母親節這一天，正好是老婆當母親滿周年，這一年發生太多太多事，好像十年的事，都壓縮在一年內。

去年老婆懷孕，預產期六月底，有天，她說要來我的讀書會。雖然我口頭說不用啦，但心裡很開心。結果遲遲沒看到她，心裡咕噥說：「不是說要來的嗎？」直到讀書會結束後，老婆才打給我說她人在醫院，因為宮縮，突然大量出血。

我嚇了一大跳！趕緊衝到醫院，直到醫生確認狀況穩定後，晚上十二點多才回到家。

沒想到，隔天我帶班上去校外參訪，老婆打電話來，這次情況情急，宮縮沒有停止，她再次住進醫院。我在孩子們面前看似鎮定，但心裡早就六神無主。好不容易捱到放學，趕緊準備臉盆、護墊、盥洗用品，就趕往醫院去了。

這一住院，就住到piu出生了，她提早一個半月報到，老婆倉促地成為母親。

孩子長大的速度，比我們想像地快，剛出生時，能輕鬆捧在手掌上，但轉眼間，抱起來手都會痠。

因為我們都要工作，又擔心給爺爺奶奶帶，老人家會太累。最後決定給保母帶，只是遇到一個問題，誰帶piu去保母家？

我的學校離家遠，六點半就得從家裡出門，於是，這個擔子就落在老婆身上。你可別想說，不就是把寶寶背到保母家嗎？這可沒那麼簡單。

第一，piu在公車上會哭。每次吵到其他乘客，老婆都很不好意思，但寶寶不會因為你的不好意思，就降低音量。

大多數乘客和司機都很好，沒有側目或用嘖嘖嘖表示不耐煩。但老婆也有遇過公車司機，直接責備她說怎麼讓孩子一直哭，打擾到其他乘客。

第二，piu的突發狀況多，有時在車上吐奶，吐個老婆一身。一開始沒有準備，老婆就就只好穿著一身奶味的衣服去上班。

有時在車上拉屎，還流出來，弄得老婆手忙腳亂，好不容易捱到保母家，保母俐落地直接抓piu去洗澡。

每次她跟我講這些，我都「啊呀啊呀」的驚呼，光想到那畫面就有味道了。

直到有次帶piu出門，換我來背piu，一放到肩上驚呼：「天哪！怎麼這麼重？」piu不知不覺已經8公斤了，但，老婆天天背著她之外，還要背上班的教材、筆電，有時還要帶piu的奶粉和衣物。

也就是說，個頭嬌小的她每天都在負重前行，負10公斤重。我都懷疑，當她把piu卸下，是不是就能像火影忍者的李洛克一樣，瞬間身輕如燕，使出裡蓮華，快如閃電。

上完班回到家，基本上老婆和piu都累癱了。其實，我很珍惜晚上這段時間，可以好好陪piu，逗她玩耍。

不過要知道，跟寶寶玩個一小時，的確很療癒。不過，寶寶不會玩一小時後，就主動放過你了，不會！piu時時刻刻都得有人陪，你一離開，她就大哭；塞米餅給她，她秒吃完後也哭；好不容易哄她睡，秒充電完後又要找你玩。

你真的很難有自己的時間！

晚上我想留給家人沒錯，但我也想留段時間給自己，寫稿、備課、看書、想事情……我只好厚著臉皮，跟老婆說：「老婆，今晚我有事情要趕，麻煩你照顧piu好嗎？」老婆沒有拒絕過，儘管我看得出來，她很累了，也想留段時間給自己。但她最後總是選擇，把時間留給piu和我。

所以，如果你問我，一天怎麼有48個小時？可以一口氣做這麼多事情。我只能汗顏的跟你說，因為我有好老婆，她給了我另外24小時。

有時，我會跟老婆開玩笑說：「老婆，下輩子還要不要在一起？」她秒回：「千萬不要！」我問為什麼？她說：「跟你在一起，太累了！」說完我們都笑成一團。

但我知道，她說的，是真的，是真的累。

我事業心強，覺得人生就不該平庸，可其實人生是「夢想」加上「生活」。夢想是由許多不凡的片刻合成；生活是由許多平庸的小事組成。

那些能追求夢想的人是最幸福的，不是因為他們勇於做自己，而是因為他們背後有人，默默承擔起那些平庸的小事。

我提醒自己，即使我曾高喊著：「就怕平庸成為你人生的注解」但只有一種人不受此限，那就是全天下的母親。

她們做著那些你不願做的平凡小事，只為讓你活成不凡的自己。

她們難道沒有夢想嗎？當然有！只是為了你，她們把夢想不斷往後排，然後把你不斷往前排，直到你不凡了，她們老了，老到忘記自己曾經有夢想。

她們才是真正不凡的人！

人生有限，你要玩出無限！【強化戰力版】

作　　者　歐陽立中

責任編輯　鄭世佳 Josephine Cheng
責任企劃　袁筱婷 Sirius Yuan
封面裝幀　兒日設計
版面構成　譚思敏 Emma Tan

發 行 人　林隆奮 Frank Lin
社　　長　蘇國林 Green Su

總 編 輯　葉怡慧 Carol Yeh
主　　編　鄭世佳 Josephine Cheng
行銷主任　朱韻淑 Vina Ju
業務處長　吳宗庭 Tim Wu
業務主任　蘇倍生 Benson Su
業務專員　鍾依娟 Irina Chung
業務秘書　陳曉琪 Angel Chen
　　　　　莊皓雯 Gia Chuang

發行公司　悅知文化　精誠資訊股份有限公司
地　　址　105台北市松山區復興北路99號12樓
訂購專線　(02) 2719-8811
訂購傳真　(02) 2719-7980
專屬網址　http://www.delightpress.com.tw
悅知客服　cs@delightpress.com.tw
I S B N　978-626-7406-32-8
建議售價　新台幣360元
二版一刷　2024年01月

國家圖書館出版品預行編目資料

人生有限，你要玩出無限／歐陽立中著. -- 二版.
-- 臺北市：悅知文化精誠資訊股份有限公司，
2024.01
320面；14.8X21公分
ISBN 978-626-7406-32-8（平裝）
1.CST: 自我實現 2.CST: 生活指導 3.CST: 成功法
177.2　　113000085

建議分類｜心理勵志

悦知文化 Delight Press

線上讀者問卷 TAKE OUR ONLINE READER SURVEY

人生的路並不擁擠，
擁擠是因為
你選擇了安逸。

——《人生有限，你要玩出無限》

請拿出手機掃描以下QRcode或輸入
以下網址，即可連結讀者問卷。
關於這本書的任何閱讀心得或建議，
歡迎與我們分享 :)

https://bit.ly/3ioQ55B